北京话语法

GRAMMAR OF
BEIJING DIALECT

刘一之 著

图书在版编目 (CIP) 数据

北京话语法 / 刘一之著. -- 北京：北京大学出版社，2022.2
ISBN 978-7-301-32693-0

Ⅰ.①北…　Ⅱ.①刘…　Ⅲ.①北京话-语法-研究　Ⅳ.①H172.1

中国版本图书馆 CIP 数据核字 (2021) 第 220049 号

书　　名	北京话语法 BEIJINGHUA YUFA	
著作责任者	刘一之　著	
责任编辑	任　蕾	
标准书号	ISBN 978-7-301-32693-0	
出版发行	北京大学出版社	
地　　址	北京市海淀区成府路 205 号　100871	
网　　址	http://www.pup.cn　新浪微博：@北京大学出版社	
电子信箱	zpup@pup.cn	
电　　话	邮购部 010-62752015　发行部 010-62750672 编辑部 010-62753334	
印 刷 者	北京虎彩文化传播有限公司	
经 销 者	新华书店 787 毫米 × 1092 毫米　16 开本　22.5 印张　302 千字 2022 年 2 月第 1 版　2025 年 2 月第 2 次印刷	
定　　价	68.00 元	

未经许可，不得以任何方式复制或抄袭本书之部分或全部内容。
版权所有，侵权必究
举报电话：010-62752024　电子信箱：fd@pup.pku.edu.cn
图书如有印装质量问题，请与出版部联系，电话：010-62756370

目 录

第一章　引言 …………………………………………… 1

第二章　北京话的特殊语法范畴 …………………… 11

第三章　词类 …………………………………………… 24

第四章　词组 …………………………………………… 32

第五章　语序 …………………………………………… 42

第六章　时态 …………………………………………… 57

第七章　名词词组 ……………………………………… 69

第八章　处所词组 ……………………………………… 78

第九章　形容词词组 …………………………………… 84

第十章　动词词组 ……………………………………… 102

第十一章　介词词组 …………………………………… 127

第十二章　副词 ………………………………………… 150

第十三章　助词 ………………………………………… 178

第十四章　量词 ………………………………………… 195

第十五章　连词 ………………………………………… 203

第十六章　代词 ………………………………………… 220

第十七章　语气词 ……………………………………… 243

第十八章　拟声词、拟态词 …………………………… 257

第十九章　感叹词 ……………………………………… 262

第二十章　"把"字句 ………………………………… 281

第二十一章　被动句 ………………………………… 294

第二十二章　使役句 ………………………………… 296

第二十三章　比较句 ………………………………… 302

第二十四章　祈使句 ………………………………… 313

第二十五章　疑问句 ………………………………… 316

第二十六章　复句 …………………………………… 329

第二十七章　北京话和普通话的区别 ……………… 348

参考文献 ……………………………………………… 352
后记 …………………………………………………… 355

第一章
引 言

§1 研究对象

本书的研究对象为20世纪中叶到20世纪末的北京口语。所谓北京人，是指在北京生活了三代以上的人，因为即便是从小来到北京，也难免受自己方言的影响。事实上，现在住在北京的老北京人少之又少。我的同院街坊有山东的、河北的、山西的、河南的、福建的，北京的只有一家，还是通州区的。我的小学、中学同学，我能确定是老北京人的不过三四人而已。

朱德熙先生曾经说过[1]，现代汉语就是一个大杂烩，吸收了不同的方言而成。相比之下，北京话要简单得多，但仍然有不同的层次。这种不同在一百多年前就已经存在。1901年，《京话报》在创刊时说："本报既名'京话'，须知京话亦有数种，各不相同。譬如南城与北城，汉人与旗人，文士与平民，所说之话，声调字眼，皆大有区别。此间斟酌去取，颇不易易。本报馆特聘有旗员，及南北城各友，互相审定，不敢惮烦，务取其京中通行，而雅俗共赏者，始为定稿。"[2]

我的家庭从母系这方面说，已经在北京城内住了十几代。我自己从出生到33岁，也一直住在北京，其中住在东城的时间最长，朝阳、海淀、西城也住过，如果算上在亲戚家小住，那么，崇文、宣

---

1 本书中"朱德熙先生说"都是朱先生上课时说的。
2 《创办〈京话报〉章程》，《京话报》第1回，1901年9月27日。此段标点是采用夏晓虹教授的。

武也住过。[1] 各个阶层的人也都接触过。我的感觉是，不同城区、不同阶层的人，在发音、词汇以及在语法上都有所不同。

比如地域，一些词在城里（现在二环路以内）用，一些词在城外用。例如，表处所的介词，我家老人主要说"待（dǎi）"，我自己说"在（zǎi）"，在南城，我听有人说"挨（āi）"，还有人说"跟"。又比如人群，阶层、性别、年龄等等不同的人群都有一些细微的差别。例如，女性不说"很"（说普通话不算），但男性在表示比较尊敬的场合，例如和街坊、同事等说话时说"很"。

如果把这些都放在一起说，可能会给人眼花缭乱的感觉，所以，我想选取一个相对纯粹的系统。据郭锐教授的研究，清初，满人刚进京的时候，他们学习的汉语很可能是以南京官话为基础的文化人说的话。[2] 这道理很简单，我们现在学习外语时，学的也是他们语言中有文化的人说的话，而不是比较粗俗的语言。清代，无论是满族、汉族、蒙古族，还是其他民族，只要是旗人，子弟都可以在为旗人子弟开办的免费学校里念书，所以，他们的语言应该基本一致。我的太姥姥、大姥姥都是满族旗人，从小在王府里长大，我姥姥出生在民国初年，上过中学。因为她们的语言是一种比较纯粹的语言，又因为我对她们的语言比较熟悉，所以以她们的语言为基础，兼顾其他。

§2 研究材料

1. 我自己自造的句子。
2. 我自己对我的家人、朋友进行的调查。

1　2010年，宣武区正式撤销，与西城区合并；崇文区正式撤销，与东城区合并。
2　郭锐教授在聊天中跟我说的。

3. 北大中文系汉语专业的师生调查来的资料。

1982年，林焘先生给汉语专业79级学生开了一门课"北京话调查"，对居住在北京三代以上的北京人进行了调查。调查了四个地方，海淀、东城、宣武、崇文。回来以后，各小组把这些录音材料完整地写了下来，包括语气词、重复、说错了又重说的部分。后来，方梅教授把这些手写材料录入电脑，我引用的便是方梅教授录入的资料。

§3 研究目的

1968年，赵元任先生写了一部《中国话的文法》(*A Grammar of Spoken Chinese*)，1980年，丁邦新先生把它翻译成中文。这部著作给了我很大启发，但因为赵元任先生写的是"中国话"，以北京话为基础，也包括中国其他方言，还有一些古汉语，现在一般描写现代汉语语法的书，也基本上是以写出来的资料，包括小说、戏剧等为研究对象，所以我萌生了要写一本《北京话语法》的念头。这里所说的北京话，是北京人日常生活中所使用的语言，不包括在书本上学来的本不属于北京话的语法，例如，表示进行，北京人只在句末加"呢"，"我吃饭呢"，不说"我在吃饭"。

§4 参考文献

参考文献列在全书的最后。

在指导我写大学毕业论文时，梅祖麟先生说，参考别人的文章一定要注明，即便是在私下闲聊时的观点也要注明。本书所涉及的研究方法、观点，最大得益于我上大学时的课程。因为多次搬家，当时的笔记已不复存在，又因年代久远，我已经记不清当时课上都讲过什么，但很多东西都已经牢固地蛰伏在意识的深处，以至于我自己都分不清哪些是我的新发现，哪些是老师们在课上讲过的。但是，老师们教给我们的研究精神从不敢忘。记得马真老师给我们上第一节课时说，不要以为老师讲的都是对的，要问，这样是对的吗？有没有其他的可能？这让我非常振奋，一直记忆犹新。大学毕业时，几位同学编写了同学录，附上了大学四年我们上过的全部课程，我把关于语言学方面的课程列在下面（按上课时间先后排序）：

现代汉语语法	陆俭明
古代汉语	何九盈、蒋绍愚、曹先擢、王若江
语言学概论	徐通锵
语音学	王理嘉
音韵学	唐作藩
文字学	胡双宝
词汇学	符淮青
方言学与方言调查	王福堂
现代汉语语法研究	朱德熙
语音研究	林焘
近代汉语	刘坚、范继淹、李临定、范方莲
实用语法修辞	姚殿芳
文字改革	胡双宝
汉语史	郭锡良
德·索绪尔的语言理论	索振羽
乔姆斯基语言学	赵世开
语言中的数学问题	冯志伟
语言学史	叶蜚声

理论语言学	石安石
中国语言学史	何九盈
中国历代语言学著作选讲	郭锡良
现代汉语虚词	马真
句法结构	吴竞存、侯学超
汉藏语概论	戴庆厦、黄布凡、马学良、陈其光、倪大白
语义学	贾彦德
欧洲语言学新著介绍	梁兆兵
北京话调查	林焘、王理嘉、沈炯、张卫东、刘勋宁
语言学方法论	叶蜚声
社会语言学	陈松岑
汉语语法史选题研究	梅祖麟
说文解字	曹先擢
音位学	武彦选

上研究生时，在朱德熙先生提议下开了一个语言学讨论班，每星期都有一位老师或研究生谈自己的想法，大多是还没形成论文的一些初步的想法，大家非常平等地讨论，使我受益匪浅。还有沈炯老师教我们用Basic语言编写简单的计算机程序，使我的逻辑推理能力大幅度提升。

还有一个人不得不提，因为她在几个关键问题上给了我很大的启发，就是我的女儿解小驰（Xie, Xiaochi Christina）。1996年，她6岁，在日本上小学一年级。有一篇课文是说一只熊从冬眠中醒来，忘了自己是谁，"ぼくはだれだっけ"。我问女儿，"だっけ"是什么意思？她说，是"来着"，这句话是"我是谁来着？"我又问，"来着"

是什么意思？她说，是以前知道，现在忘了。我觉得这解释太对了，那时我正在研究"着"，就问，"着"是什么意思？她随口说，是"て"。"て"在日语中是连接两个动词词组的助词。这让我茅塞顿开。以前一直纠缠于时态，没有往动词的连接上想。我满怀希望地又问，那"了"呢？她说，是"ました"。"ました"表示过去或完成。看我满脸失望的样子，她想了想又说，有时候是"ました"，有时候是"ている"。"ている"是表示进行或停留在动作、行为完成后的状态中。这也给我很大启发，得出了结论："了"的意义之一便是停留在行为、动作完成后的状态里。

§5 研究方法

长久以来，现代汉语语法、包括各方言语法的研究采用的都是国外的语法研究体系，把句子分为主语、谓语，谓语再进行细分。在西方语言，例如英语，主语是名词性词组，而且在非被动句中是施事，所以，在说到主语时，大部分场合指的都是施事。但是汉语的情况不同，既可以是施事，也可以是受事。所以，如果使用术语"主语"的话，很难给出"主语"的定义。不能说是名词性词组，不能说是施事，如果说是"话题"，也不好理解。

明儿我去。

为什么"明儿"是话题呢？

如果说是"位于动词、形容词前面的词组"，那么还必须说明是什么样的词组，词与词之间的关系、顺序。我斟酌再三，觉得还不如直接使用语义学上的术语说明更简单明了。例如：

我打他了。

他打我了。

这两个句子所包含的词完全相同，但是，"我"在"我打他了"中，是实行"打"的人，是施事；在"他打我了"中是挨打的人，是受事。这类句子的语序是"施事＋动词＋受事＋了"。

但是，正如前面所说，汉语的情况和外语不一样，现有的语义学术语不够用，所以我自创了一些。沿用国外语义学上的术语有"施事""受事"等：

施事：动作、行为的发出者。

受事：动作、行为的承受者。

自创的，例如有：

接事：受事的接受者。

我给了弟弟一本书。

我把书给弟弟了。

这两句话中的施事都是"我"，受事是"书"，接事是"弟弟"。

主事[1]：被说明、描写的对象。

以名词词组（包括名词、代词等）为主，形容词词组、动词词组、小句也都可以。

背黑背包的是我弟弟。

银行在前边儿。

这苹果挺好吃的。

太凉不好，太热也不好。

走路对身体好。

你慢慢儿说就行。

主事永远位于动词、形容词的前面，一般位于句首，只有时间词可以在它前面出现。

---

[1] 似乎也有人用过"主事"这个词，但还没有成为固定的术语。

今儿你挺精神的。

注意,"挺精神的"要说明的是"你",所以"你"是主事。"今儿"只是表时间,我们在文中叫作"时间词"。

因为考虑到一下子把这么多新术语放在一起不好消化,所以我把各术语的解释说明放在它第一次出现的那章中。

§6 写作方法

朱德熙先生曾经说过,写论文,就是要用大家都看得懂的语言把大家都不明白的事情说清楚,而不是用大家都看不懂的语言把大家都说糊涂了。所以我想用一般人都可以看得懂的话来写,尽量少用只有语言学者才看得懂的术语。

写作顺序是,先描写,然后尽可能地分析,给出结论。

例如,"呢"可以出现在选择问句、反复问句、疑问词问句的后面,却不可以出现在语气词问句后。这是因为语言是一个严密的系统,不太容忍有歧义的句子大量出现。在北京话中,进行是用时态助词"呢"出现在句末表现的,例如:

他吃苹果呢。

还有承前问句,是用疑问语气词"呢"出现在句末表现的:

西瓜太凉,对你不好。——吃苹果呢?

如果一般问句也用"呢",便会产生歧义。而且,歧义句不是一个两个,而是大量出现,所以,在一般问句后,只能出现"吗"。如果问进行时,则是"呢""吗"连用:

他吃苹果呢吗?

又比如,"怎么"有两个意思:

1. 问原因

   你怎么来了？

   你怎么还不睡觉？

   你明天怎么不来呀？

2. 问方式

   你怎么去？

在问过去的情况时，问原因后面加"了"，问方式后面加"的"。

你昨天怎么来了？——有会。

你昨天怎么来的？——开车来的。

再比如：

这衣裳我买了。

我买了一件儿衣裳。

"衣裳"都是受事，为什么在这两句话中所处的位置不一样呢？

还有，同一事件，为什么要使用不同的句式呢？

我吃了饭了。

我把饭吃了。

饭让我吃了。

所有这些，详细说明，请看各章。

§7 符号说明

前面说过，研究对象是以我家老人的语言为基础，她们不说或主要不说而我说的，用"[ ]"，我自己也不说，只是听到有人说的，用"{ }"。例如，上面提到的表处所的介词，写为"待（dǎi）、[在（zǎi)]、{ 挨（āi）、跟 }"，这样可以清楚地看到语言的变化。又因为我对偶尔听到的话不太熟悉，所以，只是给出例子，不做说明。本书的

"老年人、年轻人"指的是20世纪70年代时的老年人和年轻人。

还有：

※：表示不能说。

*：表示不自然。

( )：表示可说可不说。

/：表示可以互换。

另外，拼音用( )括注。

第二章
北京话的特殊语法范畴

说是北京话的特殊语法范畴，实际上也是普通话的特殊语法范畴，因为本书叫《北京话语法》，这章的标题才叫"北京话的特殊语法范畴"。至于北京话和普通话的区别，我们在后面有一章专门说明。

语法范畴是指各语法形式所表现出的自己独特的语法意义。比如，单数和复数，过去时和现在时等。

说特殊，只是和其他语言比较。每个语言的语法系统，都像是一个大拼图，各语法结构之间都互相关联。一个发生变化，就会引起其他结构的变化。刘勋宁老师曾经跟我说过，"语法就像切东西似的，外国是按方格切，中国是按菱形切"，所以切出来的不尽相同。

下面我们就看一下语法范畴方面有什么不同。

§1 "时"的标准不固定

"时"指动作、行为、事件发生的时间。是发生在过去的，还是发生在现在，或将来将会发生。很多语言的动词都有"时"的变化，例如日语和英语。

日语：私はいつもこの公園で遊んでいる。

我经常在这个公园玩儿。

私は小さい時いつもこの公園で遊んでいた。

我小时候经常在这个公园玩儿。

英语：I often play in this park.

我经常在这个公园玩儿。

I often played in this park in my childhood.

我小时候经常在这个公园玩儿。

有"时"变化的语言是把时间固定在"现在"，把"现在"作为一个标准，区分现在、过去和将来。而北京话不把时间固定在现在，如果句中没有时间词，一般是指现在，如果有时间词，或说话双方都知道是指什么时候，则指当时。就像电影镜头切换一样，说到过去，镜头就换到过去，说到将来，就切换到将来。也可以理解为穿越，穿越到当时。

我昨儿上街，看见老张正跟人呛呛呢。我赶紧过去劝。老张说，那小伙子撞了他，还不道歉。我说："小伙子，这就是你的不对了。撞了人，就得道歉。还得看人家撞坏了没有，得上医院不得。"大伙儿也都说，那小伙子才嘟嘟囔囔地说了句"对不起"。

这段话说的是昨天，整个说话的场景也切换到昨天。如果没有时间词"昨儿"：

我看见老张正跟人呛呛呢。

则是说现在老张正跟人呛呛呢。

§2 表示变化

句末有"了"，表示变化，严格地说是表示出现了一种新情况。

天儿热了。（从"不热"到"热"的变化）

他结婚了。（从"没结婚"到"结婚"的变化）

这种表示变化的句式可以用于过去、现在和将来。

前儿开始天儿热了。（过去）

天儿热了。（现在）

明儿开始天儿热了。（将来）

他上个月结婚了。（过去）

他下个月结婚了。（将来）

正如我们在§1节中所说，用于将来，就是将时间点移动到将来。

§3 表示完成有许多限制

"完成"是指动作、行为的完成。在许多语言中，这种"完成"非常简单，就是动作、行为完了，但在北京话中，表示完成有很多限制。

§3.1 不能结句

§3.1.1 动词+了+受事

表示动作完成后还要干什么，不能结句。

我吃了饭就走。※ 我吃了饭。

他下了班就回家。※ 他下了班。

§3.1.2 动词+结果+受事

"结果"指动作、行为进行后受事或施事得到的结果。例如："裙子洗干净了"，"干净"是受事"裙子"得到的结果。"我吃饱了"，"饱"是施事"我"得到的结果。既然已经有了结果，就表示动作已经完成。但这种句式和动词后跟"了"一样，表示动作完成后还要干什么，不能结句。

他吃饱饭就折腾。※ 他吃饱饭。

做完功课就玩儿去吧。※ 做完功课。

§3.2 可以结句

§3.2.1 动词+了+……了

想表现整个动作、行为已经结束，要用两个"了"，句中"了"（动词后）和句末"了"。

我吃了饭了。

他做了作业了。

我买了菜了。

宝宝喂了奶了。

有时，句中"了"可以省略，但重音一定在动词上：

我'吃饭了。

但一般说"我吃了饭了"或"我吃了"。

§3.2.2 动词+结果+……了

他做好一个了。

菜卖没了。

饭做得了。

地擦干净了。

§3.2.3 动词+了+数量

表示数量内的动作结束。整个动作行为可以完成，也可以没完成。

我昨儿看了一个电影儿。

他给我讲了一个故事。

他吃了三碗饭。

昨儿他睡了八个钟头。

"三碗饭"吃完了,但"吃"这个动作可以是完成,也可以是没完成。

§3.2.4 动词+了+数量……了

有意思的是,如果在"动词+了+数量"的句子句末加上"了",则表示这个动作、行为还没结束。

他吃了三碗了,还吃呢。("三碗饭"已经吃完,但"吃"这个动作还没结束)

他睡了八个钟头了,还睡呢。

为什么不用表进行的"呢",而用句末"了"来表示动作还在进行呢?

1. 因为"呢"表示动作正在进行中,不表示已经完成了多少,所以不能和数量词搭配。

※ 他吃三碗饭呢。

※ 他睡八个钟头呢。

2. 语气词"呢"可以跟在这样的句子后。

他吃了三碗饭呢。

他睡了八个钟头呢。

§3.2.5 复句中,后一分句中动词有修饰语,只用句中"了"可以结句(参见"复句")

一不留神,就摔了一个跟头。

您就是心好,才上了他的当。

磨蹭了两个钟头,才做好了饭。

瞅着他贼眉鼠眼的,他一上车,我就盯死了他。

§4 有定和无定

有定指说话双方都知道说的是哪个，无定指还不确定是哪个。因为北京话习惯上是把已知的东西放在前面，所以有定和无定在句中的位置不一样。有定的在动词前，无定的在动词后。

§4.1 有定

§4.1.1 有定施事

有定施事在动词前。

我去。

宝宝睡了。

他们吃了饭了。

人来了。（事先知道来的是什么人，比如正在等的人）[1]

§4.1.2 有定受事（参见"语序"）

有定受事放在动词前有三种方法：

1. 出现在句首。

这件事我告送他了。

那衣裳我扔了。

钥匙搁桌儿上了。

书他借走啦。

2. "'把'字句"中，出现在"把"字后。（参见"'把'字句"）

我把那衣裳扔了。

我把钥匙放的桌儿上了。

我把菜买回来了。

---

[1] 这是朱德熙先生上课时讲的。

他把那件事告送我了。

出现在"把"字后的要求是受事,而且要求受事要有变化,例如上面的句子:

我把那衣裳扔了。(衣裳从"有"变成"无")

我把钥匙放的桌儿上了。(钥匙所在的处所改变了)

我把菜买回来了。(对家里人来说,菜从"无"变成"有")

他把那件事告送我了。("那件事"传达到我)

但是不能说:

※ 我把孩子看了。("看"后,孩子没有发生变化)

3. 施事后。但是很受限制,一般长受事不行。

我信发了。

我饭做得了。

我西服拿出去洗了。

他活儿都干完了。

他明天的活儿都干完了。

※ 我你的信发了。

※ 他你让他干的活儿都干完了。

§4.2 无定

§4.2.1 无定施事

无定的施事、受事前面一般有数量词。

1. 有数量词修饰的施事位于动词后。

前边儿走过来一个人。

楼上掉下来一盆儿花儿。

2. 如果要放到动词前,必须要加上"有"或其他表示无定的词语。

有人走过来了。

有人把我书包拿走了。

也不谁把我书包拿走了。

不知道谁把我书包拿走了。

不能说：

※ 两个人站的那儿。

只能说：

有两个人站的那儿。

3. 表示复数的无定施事可以放在动词前。

别人都知道了，就你不知道。

人都走了，你还磨蹭什么呢。

谁也别想推干净。

一群人围的那儿看呢。

§4.2.2 无定受事

无定受事放在动词后。

我买了一条裙子。

他写了两篇论文。

我吃了好多橘子。

他拿来几瓶儿油。

§5 焦点

一个二项动词涉及两个事物，施事和受事。例如：

我吃了饭了。

动作"吃"的施事是"我"，受事是"饭"。通过"吃"这个行为后，施事和受事都发生了变化，施事"我"吃了饭后，不饿了，受事"饭",被"我"吃了,没了。如果我们想强调施事的变化,用"我吃了饭了";如果我们想强调受事的变化,用"把"字句,"我把饭吃了"。这里我们可以看出,"把"字句的作用是要把关注的焦点放在受事上。(参见"'把'字句")

再比如疑问词问句。(参见"疑问句")

"谁买了手机?"是问大家当中有谁买了手机,关注的焦点在施事。而"谁买的手机?"是看到手机后发问,这个手机是谁买的,首先关注到的焦点是受事。

§6 静态和动态(参见"动词词组""助词")

静态是指一种没有变化的静止状态,即可以用眼睛看出来是静态的,如:挨、扒、把、敞、撑、空等。还有表现状态的,也可以归入到静态,如:宠、呆、防、惯、耗、闲等。动态是指一连串的不断变化。比如"吃",是由"张开嘴,放入食物,闭上嘴,嚼,咽"这一串不断变化的动作组成。还有需要通过一系列的动作行为才能实现的活动,例如:"嫁"需要办手续、迁到夫家等才能实现。

表示静态的动词后面必须带"着",不带"着",句子就不能成立。

※ 挨我。

※ 扒我。

※ 敞门。

※ 那糖别老舍。

所以,"着"是静态的标志,表动态的动词不能带"着",表示心理活动的动词两可。有些动词既可以表动态,也可以表静态,不

北京话语法

带"着"时,表动态,带上"着"后,表静态。

她关门呢。(她正在进行"关门"这个动作)

她关着门呢。(她的门现在关着呢)

他举哑铃呢。(他的胳膊正在不断地举直、弯曲)

他举着哑铃呢。(他的胳膊举直不动)

在北京话中,"着"只是表示静态,要表示静态的持续,还要在句末加上表示持续的助词"呢"。例如:

我给您闷着茶呢。

您待屋里躺着呢。

带"着"的静态动词和不带"着"的动态动词的分布基本上是一样的,在句中没有副词、句末没有"呢"时表示意愿、祈使或一般的情况,如:

您吃啊。

您坐着啊。

你抽烟吗?——抽。

这条胡同通着大街吗?——通着。

要表示在某一时点上正在继续时,句末要加"呢",如:

他吃饭呢。

他开着门呢。

要表示一直在持续时,句中要加相应的副词,如:

他回来就一直看电视。

他一直等着你。

§7 意愿和事实

意愿指人的意愿,事实指事情真实的发生情况。有些动作、行为可以根据人的意愿进行，例如，吃、睡等；有些不可以，例如，丢、掉等。但所有完成的动作、行为都是事实。也就是说，如果动作行为已经完成，事实可以涵盖意愿。意愿和事实的对立只发生在特别强调是由于人的意志才会这样的场合。

§7.1 不、没（参见"副词"）

在对过去发生的动作、行为进行否定时，"不"表示否定意志，"没"否定事实。

昨天他不来。（他故意不来）

昨天他没来。（客观地陈述事实，不管原因）

表示意愿的可以加上表强调意志的副词修饰，表示事实的不行，因为事实不需要强调意志。

昨天他就不来。

※ 昨天他就没来。（表示意志的"就"不行）

§7.2 表示可能的各种形式

北京话中，表示可能有多种方法。

§7.2.1 表示意志

不能：

1. 表示不许可。

这儿不能抽烟。

你不能哭。

喝了酒不能开车。

他说我是小孩儿，不能看。

2. 表示意愿。

我不能看这个，血渍呼啦的，太吓人啦。

我不能生气。

我不能眼瞧着人受欺负不管。

我不能让你开车。

§7.2.2 表示事实（参见"动词词组"）

没法儿。动词+不了，动词+不~，动词+不+结果。

车坏了，没法儿走啦。

图书馆休息，借不了书了。

一个玩具就几千块，买不起。

这儿看不着极光。

那儿有什么东西吗？我近视眼，看不见。

§7.3 非自主动词不能用在祈使句或表示意愿的句子里，例如不能说

※ 地上汪一汪水。

※ 半空中悬一个人。

§8 动作、行为和结果

北京话中大多数情况下，不能光说结果，必须把怎么得到这个结果的动作、行为说出来。

把老太太哄高兴啦。

把头发染黑了。

把他救活啦。

把病治好了。

如果不清楚是什么动作、行为，用"弄（nèng）"代替。

我弟弟把照相机弄坏了。

你怎么弄丢的？

§9 某些外语，例如英语和日语，动词词组（包括单个动词）、形容词词组（包括单个形容词）、小句不能直接做主事（一般语法书叫主语），必须名词化以后才行。汉语，包括北京话，都可以直接做主事

揍你是轻的。

舒服是真的。

干干净净不好吗？

老师说你是为你好。

第三章
词　类

　　世界上的万物、动作、行为、性质等都需要有相应的词来表达，这些词在语言中的位置、功能是不一样的，同一类词可以出现在句子的同样位置上，所以，要研究语法，就必须把词分成不同的类，这就是我们所说的词类。换句话说，词类是研究者根据语法研究的需要而划分出来的，所以，由于研究的角度不同，不同的学者会划分出不同的词类。

　　现代汉语的词类划分主要有两派：1.根据语法功能，2.根据词的意义。所谓语法功能，是指词在语言中的分布，即可以处在句子的什么位置上、可以和什么词组合等等（还有形态变化等，因为汉语没有形态变化，所以不提）。根据语法功能，形容词是可以用"不"和"很"来修饰的词，我们可以说"不高兴""很高兴"，"不好看""很好看"，但不能说"不干干净净""很干干净净"，所以，"高兴""好看"是形容词，"干干净净"不是形容词，是状态词。但是，如果根据词的意义，形容词是表示人或事物的性质或状态的词，那么，"高兴""好看""干干净净"都是形容词。

　　这两种词类划分的方法各有利弊。根据功能划分词类，我们可以有一个简单、明确的标准，在说明、描写语法规则时十分便利。缺点是只有会说这种语言的人才知道词的功能，例如，不会说汉语的人就不知道"高兴""干干净净"是不是可以用"不""很"来修饰。如果根据词的意义分类，如上所述，就要把"高兴""干干净净"分到一类里，但显然，它们的语法功能是不一样的。

事实上，人们对世界万物都有一种本能的分类。例如，苹果、车是一类，走、说是一类，好看、年轻是一类。这种本能的分类从最初学习语言时就开始了。我女儿在一岁半时，有一回从外面回来，跟我说："阿姨车车，默默不车。""默默"是一个小孩儿的名字。默默有一辆儿童车，女儿要推着玩儿，默默的阿姨让她推，但默默不让，所以这句话的意思是，"阿姨让我推车，默默不让推"。她还不知道"推"怎么说，但是知道"推"是一种动作，表示动作的词要放在表示东西的"车"前面，所以自己便用第一个"车"来表示"推"，这和我们现在所说的"画画儿""盖盖儿"是一个意思。

我再三权衡这两种分类法的利弊，决定按照意义给词分类，然后把语法功能放在词组里说明。每类词又根据语法说明的需要分成几个小类，例如名词中又分出时点词和时段词，因为时点和时段在句中处在不同的位置上。

本章只是简单地说明一下各词类的意义，关于各词类的详细说明，请看后面各章。

§1 名词

名词又可依据在句中的功能再划分出若干类。

§1.1 普通名词
表示人或事物的词。

人、妈妈、老师、老虎、鱼、太阳、空气、山、苹果、飞机、思想、房子

§1.2 时点词

表示在时间的某一点上的词。

一点、两点……十二点

三点零五分、一点十分、五点一刻、六点半、七点三刻、差两分九点

早新(zǎoxin)/早上(早晨)、上午/早半天儿/头半天儿(上午)、中午、下午、晚半天儿(下午)、擦黑儿、{晚巴晌儿(wǎnbashǎngr)}、晚上、夜里

前儿/前儿个(前天)、昨儿/昨儿个(昨天)、今儿/今儿个(今天)、明儿/明儿个(明天)、后儿/后儿个(后天)

上上礼拜、上礼拜/上个礼拜、这礼拜/这个礼拜、下礼拜/下个礼拜、下下礼拜

上月/上个月、这月/这个月、下月/下个月

春进(chūnjin)/春进天儿(春天)、夏进(xiàjin)/夏进天儿(夏天)、秋进(qiūjin)/秋进天儿(秋天)、冬进(dōngjin)/冬进天儿(冬天)

前年、去年、今年、明年、后年

这当儿(zhèidāngr)/这咱(zhèizen)/{这前儿(zhèiqiānr)/这晚儿(zhèiwǎnr)}(现在/这个时候)、这咱晚儿(zhèizenwǎnr)(这么晚的时候)

那当儿(nèidāngr)/那咱(nèizen)/那会儿(nèihuǐr)/{那前儿(nèiqiānr)/(nèiqiǎnr)}(那个时候)

§1.3 时段词

表示一段时间的词。

一分钟、一刻钟、半个钟头、三刻钟、一个钟头

一早新、一上午、一下午、一晚上、一宿、一天

一个礼拜、一个月、一年

一会儿、一半会儿、半天

这程子、这阵子

那程子、那阵子

§2 动词

表示行为、动作的词。

动作指一个动作，例如"吃"；行为指几个动作共同完成的行为，例如"办"，可能是填写申请表、递交申请、交钱、等待批准等一系列动作。

§2.1 一项动词

只能和一个名词（通常是施事）发生关系的动词。

走、死、活、醒、坐

§2.2 二项动词

可以和两个名词（施事、受事）发生关系的动词。

吃、做、看、洗、写、买、打

§2.3 三项动词

可以和三个名词（施事、受事、接事）发生关系的动词。

给、教、交、送

§2.4 小句动词

小句指可以包含在句子中，但也可以独立存在的句子。例如，"我洗干净了"可以独立成句，但在"我洗干净了的衣裳又让他弄脏了"里就是小句。小句动词即可以带小句的动词。

以为、觉得、知道、看见

§3 形容词

表示事物的性质、形状、大小，动作的速度等的词。

§3.1 单音节形容词
大、小、高、低、矮、胖、瘦、快、慢、肉（磨蹭）、顸（粗）、沉

§3.2 双音节形容词
好看、好吃、好听、烂糊、小气、大气、大方、死应（sǐying）（不会处世为人）、活份、漂亮、干净、安静、清净、冷清、新鲜、委屈、光鲜、风光、伤心、上心、担心

§3.3 多音节形容词
慢腾腾、干干净净、黑不隆咚

§4 数词

表示数目的词。

一、二十、三百、四千、五万、六亿

十几、十来

§5 量词

表示事物或动作计量单位的词。

§5.1 名量词
表示事物计量单位的词。

个、只、辆、张、本儿

§5.2 动量词

表示动作计量单位的词。

下儿、顿、趟、回

§6 代词

表示替代人或事物、动作行为的词。

§6.1 人称代词

代替人或事物的代词。主要是人，代替除人以外事物的只有"它"。

我、你、他、她、它、咱们

§6.2 指示代词

指示或标识人或事物的代词。

这、那

§6.3 疑问代词

询问人、事物、时间、处所、方式等的代词。

谁、什么、多咱、哪儿、怎么

§7 副词

修饰动词、形容词的词。

最、马上、都、刚、就、才、又、不、没、也许、索性

§8 介词

位于名词前面，表示这个名词和后面动词的关系的词。

在、给、对、用、于、让、叫、把

§9 连词

连接词、词组、分句的词。

和、跟、同、或者、可是、就算、要是、因为、所以

§10 助词

表示静态或时态变化、连接修饰语和被修饰语的词。

§10.1 结构助词

连接修饰语和被修饰语的词。

的、地、得、着

§10.2 时态助词

表示静态或时态变化的词。

着、了、呢

§10.3 语气助词

表示语气的助词。

给

§11 语气词

出现在句末，表示语气的词。

啊、吗、吧、哈、呢

§12 感叹词

表示答应、呼唤、感叹的词，总是独立存在，不和其他词组成词组。

啊、嗳、哟、哎、哎哟、喝、嚯、嗨、哼

§13 拟声词

模拟声音的词。

哗哗、咚咚、梆梆、当当、叮叮当当、哗啦哗啦

§14 拟态词

形容事物状态的词。

夫嗤夫嗤、夫囊夫囊、估容估容、咕咚咕咚、骨碌骨碌

第四章

词　组

词组是指有相对完整意思的词的组合，例如"我姐姐""慢慢儿走""吃饭""好极了"，可以让人明白是什么意思。如果不能让人明白是什么意思的词的组合，就不是词组，例如"你还""的书包""了一个""闷得"。

这章先简单介绍一下各词组的作用、词组的构成，详细说明请看后面的名词词组、处所词组、动词词组、形容词词组、介词词组各章。

§1 名词词组

以名词为中心，整个词组的功能相当于名词的词组。

§1.1 名词词组的构成

§1.1.1 修饰语＋名词

名词的修饰语是指明后面名词的性质、所属、分类、数量等的词语。

北京人

木头房子

大苹果

他写的文章

我这车

明天的会

桌儿上的书

一个人

一本儿书

§1.1.2 X + 的

我的

学校的

好吃的

他买的

§1.2 名词词组的功能

§1.2.1 做施事

我姐姐不去。

戴黑帽子那人把我书包拿走了。

对门儿那人明儿结婚。

他养那黑狗把人咬了。

§1.2.2 做主事

我这车坏了。

你做的真好看。

你买这苹果挺好吃的。

他姐姐是老师。

§1.2.3 做接事

你把这书交给你们老师。

我送我弟弟一个电脑。

§1.2.4 做受事

我不想要他的东西。

我买了一个新手机。

他把我买的自行车儿骑走了。

你做的我放桌儿上了。

名词词组充当受事时,要比单个名词的范围大,可以做一项动词的受事。

明天的会我去不了。

那个会我去。

※ 会我去不了。

※ 我去会。

§2 处所词组

处所词组是表示处所的词组,包括地名。处所词组可以分为两类,一类是地名、处所代词和"名词+方位词""名词+这儿、那儿"组成的处所词组。一类是表处所的介词词组。

表处所的介词词组本来应该放在介词词组里,但这两类表处所的词组出现在句中的位置不同,放在一起说,可以更清楚一些,所以放在处所词组里说明。

§2.1 处所词组

北京

这儿/这儿哈儿

桌儿上

屋儿里

我们那儿

学校这儿

处所词组在句中的位置。

1. 句首，充当主事

西单离这儿挺远的。

屋里太热了。

门前停着一辆车。

前边儿有一个超市。

他们这儿不能抽烟。

2. 动词+（的+）处所

（1）表示物体移动的目的地。

我昨儿走的西单啦。

把伞放的门外头吧。

钱包儿我搁你书包里了。

我把信寄的你家里了。

这钱先放你那儿吧。

（2）如果后面有"呢"，可以表示现在所处的位置。

他躺床上呢。

他坐屋儿里呢。

他躺的床上呢。

他坐的屋里呢。

3. 名词+在/待+处所词组

表示事物所处的位置、地点。因为后面没有别的动词，所以把这里的"在""待"看作动词。

他在楼上呢。

鱼待冰箱里。

§2.2 表处所的介词词组

表处所的介词词组表示动作、行为发生的场所；事物移动的出发点和移动后所在的场所。

他待床上躺着呢。

我解你屋里拿了一个枕头。

§3 形容词词组

以形容词为中心的词组。

干干净净

老大老大的

疼死了

臭着的呢

§3.1 形容词词组的构成

§3.1.1 修饰语+形容词

形容词的修饰语一般是说明形容词的程度的词语。

特好看

有点儿小

死沉

齁甜

§3.1.2 形容词+程度

程度指在形容词后说明形容词程度的词语。

好极了

臭着的呢

气死了

闷得慌（heng）

§3.1.3 形容词重叠式

好好儿

慢慢儿

漂漂亮亮

舒舒服服

§3.2 形容词词组的功能

§3.2.1 对主事进行说明、描写

1. 主事后

我肚子疼死了。

这鞋胡臭的，扔外边儿去。

我累得走不动了。

小伙子精精神神的。

2. "动词+得"后

说明进入了什么状态。

她打扮得漂漂亮亮儿的。

小脸儿冻得通红通红的。

肉炖得稀烂稀烂的。

他喝得醉醺醺的。

§3.2.2 做修饰语

1. 修饰名词

原来漂漂亮亮一个人，怎么成这样儿了。

老大老大的一个院子，都让人霸占了。

挺贵的东西就这么糟践啦。

红扑扑儿的小脸儿，胖乎乎儿的小手儿，可好玩儿啦。

2.修饰动词

痛痛快快喝一顿。

磨磨蹭蹭不想走。

黏糊糊粘了我一手。

糊里糊涂上了人家的当。

§3.3 可以做主事

包括单个形容词，但做主事的情况不多。

干净不是坏事。

不太难吃就行。

太干净了也不好。

舒舒服服不好吗？

§4 动词词组

以动词为中心的词组。

§4.1 动词词组的构成

§4.1.1 修饰语＋动词

动词的修饰语是说明动作、行为进行时的方式、速度、状态等的词语。

好好儿吃

就睡

磨磨蹭蹭地不想走

小声儿说

§4.1.2 动词+结果

洗干净

说明白

看清楚

拿好

§4.1.3 动词+得+结果

表示可能。

洗得干净

说得明白

看得清楚

拿得动

§4.1.4 动词+动词/动词词组

会说

想去

拿走

借来

§4.1.5 动词+助词+动词/动词词组（参见"助词"）

走着去

买着吃

吃得裤腰带都系不上了

吃了睡

§4.1.6 动词重叠式

瞧瞧

尝尝

认识认识

收拾收拾

§4.2 动词词组的功能

和词组中的动词相当。

§4.2.1 一项动词词组

我就去。

您慢走。

好好儿歇歇吧。

我走得脚都肿了。

§4.2.2 二项动词词组

您尝尝这个。

我不会说英语。

把这儿扫干净。

这事儿我马上办。

§4.3 可以做主事

走着去太慢了。

歇歇就好了。

说清楚就行。

好好儿说不行吗?

§5 介词词组

介词和它后面的名词组成的词组。

介词词组只能出现在动词词组前,表示动作、行为发生的地点、时间,表示动作发生时所使用的工具,表示说话人对事情的看法、态度等等。

你从哪儿来?

在食堂吃饭。

冲着我笑。

仗着他爸爸的势力横行霸道。

第五章
语　序

　　语序是指词在句中出现的先后次序。因为语言是一连串词的组合，必然有的词先说，有的词后说。词在不同的位置上出现，表示出不同的意义，因此，语序是非常重要的。因为名词词组的位置和名词一样，所以在下面的论述中名词词组包括名词，同样，形容词词组包括形容词，动词词组包括动词。

　　我们把北京话的句子分成三类：
名词句
形容词句
动词句

§1 名词句

§1.1 主事为名词词组

§1.1.1 基本形式

　　名词词组在句中出现的位置和名词、人称代词、指示代词相同，所以本章中名词词组包括单个的名词和人称代词、指示代词，例如，"学生""桌子""我""这"都算是名词词组，但不包括处所词组、时间词组。处所词组、时点词组和时段词组在作为被说明对象时，是主事，不用于被说明对象，只是说明动作、行为发生的时间、地点时，简称为"处所""时点""时段"。例如：

今儿下雨。（"今儿"是主事）

今儿我不去。（"今儿"是时间）

屋里凉快。（"屋里"是主事）

您屋里坐吧。（"屋里"是处所）

为叙述方便起见，我们把出现在一个句子中的两个名词词组加上编号，前面的为1，后面的为2，名词词组2是对主事的说明，则名词句的基本形式是：

名词词组1（主事）+ 是 + 名词词组2（说明）

简写为：

主事 + 是 + 说明

他是我哥哥。

张老师是北京人。

北京是中国的首都。

这是我的车。

如果说明是数量词、天气，则"是"一般不说。

他18岁。

这个25斤。

苹果5块1斤。

明儿晴天。

§1.1.2 扩展形式

1. + 时点

（1）主事 + 时点 + 是 + 说明

我那会儿是小学老师。

他一年前还是大学生。

这儿以前是个池塘。

这早先是你爷爷住的屋子。

（2）时点＋主事＋是＋说明

那会儿我是小学老师。

一年前他还是大学生。

以前这儿是个池塘。

早先这是你爷爷住的屋子。

2.＋处所

主事＋处所＋是＋说明

他在学校是好学生，在公司是好员工。

她待人面前是好媳妇儿、好妈妈，人背后就是另一个样儿了。

3.＋时点＋处所

主事＋时点＋处所＋是＋说明

他那会儿在学校是好学生。

我那当儿待他们家就是老妈子。

他小时候儿在我们胡同就是一霸。

4.＋修饰语

主事＋修饰语＋是＋说明

我们都是学生。

他们也是买东西的。

"都不"和"不都"的意思不一样，"都不"指全部。"不都"指部分。

他们都不是学生。（全部不是学生）

他们不都是学生。（一部分不是学生）

§1.2 主事为形容词词组

这种句式在实际会话中，不常说。

黑了吧唧是挺不好走的。

好吃是真的。

§1.3 主事为动词词组

这种句式在实际会话中也不常说。

走路是老年人锻炼的好方法。

帮你是他的好心。

§1.4 主事为小句

他离婚是前年的事儿。

他让人开除了是真事儿。

说能治百病是骗人的。

这能吃是你说的。

§1.5 名词句的否定形式

把"是"改成"不是",在数量词和天气前加上"不是"。

他不是我哥哥。

他不是18岁。

明儿不是晴天。

我那会儿不是小学老师。

他在学校不是好学生。

他那会儿在学校不是好学生。

§2 形容词句

§2.1 基本形式

主事+形容词词组

因为单个形容词和形容词词组在形容词句中的功能不同,所以我们分别论述。

§2.1.1 主事+单个形容词

这苹果好吃。

他瘦。

这儿凉快。

屋里热。

因为单个形容词形成的形容词句有一种比较的意味,"这苹果好吃",意味着"和其他苹果比较,这苹果好吃","他瘦"意味着"和其他人比较,他瘦","这儿凉快"意味着"和其他地方相比,这儿凉快",所以,实际上,单个形容词句子并不多见。

这种句子的特点是:

1. 形容词前可以加修饰语。

这饭馆儿还不错。

他写得都好。

你今天真漂亮。

我特高兴。

2. 否定式:主事+不/没+形容词

这苹果不好吃。

我没生气。

我不饿。

他没饱。

否定式也可以加副词修饰。

她特不高兴。

水还没热。

苹果都好吃。

她妹妹也好看。

和名词句一样,"都不"和"不都"的意思不一样,"都不"指全部。"不都"指部分。

今儿买这苹果都不好吃。

老人也不都糊涂。

3. 形容词后可以加"了",表示变化。

天儿热了。

樱桃红了。

我困了。

屋里凉快了。

4. 根据词义,有些形容词后可以带时段词。

天儿热了两天。

樱桃红了三天。

我饿了一天了。

腿疼了一个月了。

有些不能:

※ 我饱了一天。

※ 好吃了两天。

5. 句中可以有时点词,时点可以位于名词词组后,也可以在句首。

(时点+)主事+(时点+)形容词

他今天高兴。

我那会儿着急。

今天他高兴。

现在我累了。

6. 处所词组可以是主事。

山下热。

山上不热。

屋里干净。

外边儿脏。

所以，整个句子的语序是：

（时点＋）主事＋（时点＋）形容词（＋了/过）（＋时段）

他那会儿高兴了两天。

今年山上热了几天。

他那屋儿里就刚结婚的时候儿干净过两天。

个别双音节形容词把时段放在两个音节之间。

他生了一天气。

你妈为你操了半辈子心。（参见"介词"）

对不起，让您担了半天心。（参见"使役句"）

7. 单个形容词还可以形成反复问句。

你热不热？

这个好吃不好吃？（参见"疑问句"）

§2.1.2 主事＋形容词词组

这苹果挺好吃的。

屋里整整齐齐的。

裤子精湿精湿的。

他糊里巴涂的。

我高兴极了。

这鞋臭死了。

我腰疼着的呢。

身上烫得跟火炭是的。

+时点：

时点可以位于主事前，也可位于主事后。

（时点＋）主事＋（时点＋）形容词词组

那会儿我真生气。

今儿他挺高兴的。

我那会儿真生气。

他今儿挺高兴的。

以上各种形容词句的特点是：

1. 一般没有否定句，如果想否定对方的意见时，用"不是"或"没/没有"。（假设句除外。参见"复句"）

甲：这苹果挺好吃的。　　乙：这苹果酸死了，不是挺好吃的。

甲：小手儿冰凉冰凉的。　　乙：没有冰凉冰凉的。

甲：他老是这们糊里巴涂的。　　乙：他没糊里巴涂，是装傻。

甲：他高兴极了。　　乙：他不是高兴极了，脸上一点儿笑模样儿都没有。

2. 可以有修饰语，但不能有表示程度的修饰语。

他屋里老是干干净净的。

他整天糊里糊涂的。

他脸也是蜡黄蜡黄的。

他一直这们牛哄哄的。

※ 小手挺冰凉的。

※ 外头特漆黑。

3. 句中可以有时点词，但不能有时段词。

昨儿我累死了。

那天他小手冰凉冰凉的。

※ 干干净净了一天。

※ 他累死了一会儿。

4. 不能出现在"肯定式+否定式"问句中。（参见"疑问句"）

※ 他怪可怜的不怪可怜的？

※ 你腿疼死了不疼死了？

※ 小手儿冰凉不冰凉？

※ 他糊里糊涂不糊里糊涂？

§2.2 主事位置有两个名词词组，这两个名词词组是所属关系

名词词组1+名词词组2(主事)+形容词词组(包括单个形容词)

山里空气好。

小明学习不错。

这饭馆儿菜挺好吃的。

这车价钱还行。

在"名词词组1+名词词组2"之间可以加上"的"，但没有"的"更常用。

§3 动词句

§3.1 施事的位置

（时点+）施事+（时点+）（处所+）动词词组（+了/过）（+时量）

他来。

我刚才就醒了。

我今天在公园玩儿了一会儿。

他小时候在北京住过两年。

今天我在公园玩儿了一会儿。

小时候他在北京住过两年。

如果施事是无定的，则要在动词后出现。

前边儿来了一个人。

东边儿来了一辆车。

死人了。

起风了。

§3.2 受事的位置

§3.2.1 无定受事

如果受事是无定的，要在动词后出现。

1. 基本形式

施事+动词+（了/过+）数量+受事（无定）

我要一个面包。

他喝了三杯酒。

我吃过一回果子干儿。

我看了一天书。

2. 扩展形式

（时点+）施事+（时点+）（处所+）（修饰语+）介词词组+（修饰语+）动词+（了/过+）数量+受事

时点可以在动词前，也可在动词后；修饰语可以在介词词组前，也可在介词词组后。

我今天在图书馆看了一天书。

我今天在图书馆整整看了一天书。

早上他在超市买了一盒牛奶。

昨天他让我溜溜儿干了一天活儿。

我去年整整给他看了半年孩子。

§3.2.2 有定受事

如果受事是有定的,则一般要在动词前出现。在动词前出现的位置有三个:1. 出现在句首。2. "'把'字句"中,"把"后。3. 施事后。

1. 句首

出现在句首,有两种形式。

(1) 受事+施事+动词词组(+了/过)

这裙子我要了。

你那球鞋我扔啦。

这种面包谁吃过?

明儿要带的东西我都预备好了。

扩展形式:

受事+施事+时点+处所+动词词组(+了/过)

你要的东西我昨儿在商店看见了。

这本儿书我去年在学校看过。

(2) 被动句中(参见"被动句")

受事+让/叫+施事+动词词组(+了/过)

车让你弟弟借走过。

小李昨天叫人撞了。

我种的玫瑰花让他拔了。

饭让我做煳了。

2. "把"字句中(参见"'把'字句")

施事+把+受事(有定)+动词词组(+了/过)

他昨天把笔记本儿借走了。

他把钱包儿丢了。

我把垃圾扔了。

我把旧电脑卖了。

3. 施事后

（1）施事＋受事＋动词词组＋（的）＋处所（＋了/过）

我钥匙搁桌儿上了。

我车停的停车场了。

他书包落（là）的学校啦。

他裤子扔床上了。

（2）施事＋受事＋动词词组（＋了/过）

他饭还没吃完呢。

他火车没赶上。

我门没锁。

我牛奶忘买了。

这种句式很受限制：

①长受事不行。

※ 我这件衣裳买了。

※ 他你买的书拿走了。

※ 他我的裤子扔床上了。

※ 我你借来的车停门口儿了。

②强调是施事的责任，并不太注意受事是否有定，所以，也可以把受事当作无定放在动词后。

我忘买牛奶了。

他还没吃完饭呢。

他没赶上火车。

我没锁门。

（3）施事＋受事（总括）＋动词词组（＋了/过）

"总括"的意思是"包括任何""所有"。

我什么都不想吃。

我谁都不见。

他一口水都没喝。

他一分钱也不要。

受事是总括意义时,施事也可以放在受事后。

什么我都不想吃。

谁我都不见。

一口水他都没喝。

一分钱我也不要。

但施事位于句首是最自然的说法。

(4)施事+受事+(都+)动词词组

强调一种极端的情况,常在句子中做小句。

他大衣都没脱就睡了。

她头没梳、脸没洗,就出去了。

§3.2.3 有定受事位于动词前句式小结

1. "把"字句要求受事要有变化。(参见"'把'字句")

2. 位于句首的没有什么限制,只要是有定受事,都可以位于句首。

3. 位于施事后有限制。

综上所述,我们可以看出,说话人是按受事的有定程度来安排受事的位置的。

有定:句首。

不太注重有定:施事后。

无定:动词后。

§3.2.4 有定受事位于动词后

虽然有定受事一般位于动词前,但在下面这些情况下,可以位于动词后。

1. 强调施事的故意。

我哥打我。

他追我。

蚊子咬我。

我妈说他了。

2. 后面有动量词。

他看了我一眼。

老师呲了我一顿。

你们家狗咬了我们家猫一口。

他踹了我们家车一脚。

3. 包含在句子中的小句，或复句中的分句。

我知道你喜欢我妹妹。

你撞了我的车，还想跑？

他要这衣裳，就给他吧。

你看见老王，告送他下午开会。

§3.3 三项动词（参见"动词词组"）

§3.3.1 基本形式

施事＋动词＋（了/过＋）接事＋数量＋受事

他送了我一本儿书。

王老师教过我们两年英语。

我给了她一条裙子。

他告送我一个秘密。

§3.3.2 扩展形式

（时点＋）施事＋（时点＋）（处所＋）动词＋（了/过＋）接事＋（数量＋）受事

王老师教过我们英语。

十年前王老师教过我们英语。

十年前王老师教过我们两年英语。

十年前王老师在大学教过我们两年英语。

他昨天送了我一本儿书。

我小时候儿给过她一条裙子。

他那天告送我一个秘密。

§3.4 小句动词

§3.4.1 基本形式

施事+动词+（了/过+）小句

我想一个人待会儿。

你知道我是什么样的人。

我忘了他住的哪儿了。

他说过他不去了。

§3.4.2 扩展形式

（时点+）施事+（时点+）（处所+）动词词组+小句

时点可以在施事前，也可以在施事后。

早上他跟我说不用交作业了。

他早上跟我说不用交作业了。

小时候儿我以为海豚是鱼。

我小时候儿以为海豚是鱼。

早上他在教室跟我说不用交作业了。

他早上在教室跟我说不用交作业了。

昨儿我在粮店看见你弟弟跟人打架呢。

我昨儿在粮店看见你弟弟跟人打架呢。

第六章
时 态

时，是指时间，这个动作、行为是发生在现在、过去，还是将来。态，是指动作、行为的发生过程，包括已经开始、即将开始、已经完成、正在进行中。

§1 形容词

§1.1 时
形容词没有"时"的区别，无论发生在现在、过去、将来，表示都是一样的。

昨天挺冷的。

现在挺冷的。

明天挺冷的。

§1.1.1 副词+形容词

由于副词自身的原因，有些副词不能用在未来，例如"真"。（参见"副词"）

※ 明天真冷。

因为"真"是说自己的感受，还没发生的事自然不会有感受。但很多副词可以用于未来。

明天特冷。

明天可冷了。

明天挺冷的。

§1.1.2 形容词+程度

程度是指形容词所代表的现象达到了什么程度。一般不能用于将来。因为还没发生，自然也就没有程度可言。

那儿前两天冷着的呢。

这两天冷着呢。

昨儿冷死了。

上礼拜冷极了。

※ 明儿冷死了。

※ 下礼拜冷着呢。

§1.2 态

表现"态"的变化，要用不同的形式。假定一种状态从 A 开始，到 B 结束：

还没开始	即将开始	A 开始进入新状态	处于状态中	B 已经结束
还不~ 还没~	就要~了 就~了	~了	一般形容词词组 正~呢 ~着呢	不~了

图 6.1

例如，天气"热"是一种状态，还没有进入到"热"的状态：

天儿还不热。

天儿还没热。

将要进入到"热"的状态：

天儿就要热了。

水就热了。

已经进入到"热"这个状态：

天儿热了。（完成从"不热"到"热"的变化）

正处于"热"这个状态中：

天儿挺热的。

天儿真热。

天儿热极了。

天儿正热呢。

水热着呢。

"热"这种状态已经结束，完成从"热"到"不热"的变化：

天儿不热了。

水不热了。

所以，进入一种新情况、新状态，形容词后要加助词"了"。

§2 动词

§2.1 时

动词也没有"时"的变化，如果表现一般情况，无论过去、现在、将来，都是一样的。

昨天下雨，今天下雨，明天还下雨。

小时候儿，我经常来这儿玩儿。

现在，我经常来这儿玩儿。

以后，我可能经常来这儿玩儿。

§2.2 态

和形容词一样，表现"态"的变化，要用不同的形式。

还没开始	即将开始	A 开始进入新状态	处于 状态中	B 已经结束
还不~ 还没~	动词前有表示"即将"词语 （就）（要）~了	~了	~呢	~了 动词+了+受事+了 动词+结果+受事+了 动词词组+了+数量+受事 动词+趋向+数量+受事

图 6.2

§2.2.1 还没开始

还不到时候儿呢。

他怎么还不来？

他还没醒。

我们还没吃饭呢。

§2.2.2 即将开始

1. 动词前有表示即将的词语。

我现在上医院。

他这就走。

我就去。

他马上做。

2. 句末加"了",常和"啊"连用,发音为"啦"。加"了/啦",有一种提醒的意味,引起听话人的注意,强调某件事情就要发生,同时语气也显得和缓。

现在开会啦。

我走啦。

我上医院啦。

他这就走啦。

3. 动词前加"要""就""就要"等副词,句末加"了",常和"啊"连用,发音为"啦"。表示马上进入一种新情况、新状态。

要下雨了。

他要走啦。

他就到啦。

他马上就大学毕业了。

§2.2.3 进入了一种新情况,句末加助词"了"

他睡了。(从"不睡"到"睡"的变化)

下雨了。(从"没下雨"到"下雨"的变化)

我吃不了了。

我买不起了。

他看得懂英文小说儿了。

我做完功课了。

他现在能吃饭了。(从"不能吃饭"到"能吃饭")

个别形容词有时可以带受事,也表示进入了一种新情况。例如:

看见人家挣了大钱,他红了眼了。

他还要问是姑娘是小子,人家只好说,是小子他姐姐,大爷一听直了眼睛啦。

一般不可用于将来，因为动作、行为还没产生。

※ 下礼拜下雨了。

※ 你明儿睡了吗？

但是如果表示时间点已经移动到将来，就可以了。

明儿这时候儿，我已经到广州了。

他明年上大学了。

§2.2.4 动作、行为正在进行中。句末加助词"呢"。

你干什么呢？

我看电视呢。

他当老师呢。

我在家呢。

静态动词后加"着"，再加"呢"。（参见"助词"）

门开着呢。

他在床上躺着呢。

正在进行中，可以用于过去，表示当时正在进行中。

你那会儿干什么呢？

那时候儿我看电视呢。

他那咱当老师呢。

你当时待家呢吗？

但是不能说：

※ 我昨儿做饭呢。

因为不可能"昨儿"一整天都在做饭。

一般不可用于将来，因为动作、行为还没产生，不会有正在进行中的状况。

※ 我明年当老师呢。

※ 你明儿待家呢吗？

但是如果加上"这时候儿""这会儿"等词，表示时间点已经移动到将来时可以。

我明儿这会儿待家呢。

否定式：

正在进行中没有否定式。如果针对问话或别人说的话进行否定，用"没有"或"不是"。

你吃饭呢吗？——没有。/不是。

他吃饭呢。——不是。他睡觉呢。

注意：

我没吃饭呢。

是说"吃饭"还没开始。在这里"呢"是语气词。

§2.2.5 动作、行为完成

1.不带受事时，动词加"了"。例如：

你吃了吗？——吃了。

你吃饱了吗？——吃饱了。

他洗完了。

我送过去了。

2.带无定受事时，有四种表示方法：

（1）动词+了+受事+了

我吃了饭了。

他买了菜了。

他妈还没言语，他倒先开了言啦。

他拿石头拽我，谁知没留神，把他舅舅开了瓢啦。

在特定语境下，前面的"了"可以省略，但重音要在强调的词上。

我'吃饭了。（强调"吃"）

我吃'饭了。（强调"饭"）

他'买菜了。（强调"买"）

他买'菜了。（强调"菜"）

（2）动词＋结果＋受事＋了

但是，这种句式很受限制，通常都要加数量词。

我吃完饭了。

他做完作业了。

（3）动词词组＋了＋数量＋受事

我买了一条裙子。

我送了她一条裙子。

刚才他喝了一碗粥。

我摔碎了一个花瓶儿。

我刚打死了几个蚊子。

我看了两个钟头电视。

注意，这种句式表达的是整个行为完成，而不是动作完成，例如"吃了三碗饭""聊了一夜天儿"是"吃了三碗饭""聊了一夜天儿"这个行为完成，但不是"吃""聊"这个动作完成。比如可以说，"他吃了三碗饭，还吃呢。""他们聊了一夜天儿，还聊呢。"

"动词＋结果"前面如果有修饰语，"了"也可以没有。

我刚打死一个蚊子。

他还摔坏一个照相机呢。

（4）动词＋趋向＋数量＋受事

我买回来一条裙子。

他给我拿来几斤苹果。

他刚搬出去一箱东西。

刚才开出去一辆车。

如果句中有数量词，句末再加"了"的话，表示这种动作、行为完成后，对现在的影响。

我买了一条裙子了。（还需要再买吗）

我吃了两碗了。（不再吃了）

如果句中是时间量词，句末再加"了"的话，表示这种动作、行为还要继续进行下去。例如：

他看了两个钟头的电视了。

我学了六年英语了。

3. 带有定受事时，有两种表示方法：

（1）受事＋施事＋动词词组＋了

那裙子我姥姥给她了。

你要的茶叶他给你放的包儿里了。

这月的豆腐你买了吗？

这屋儿的椅子你搬哪儿去了？

（2）施事＋把＋受事＋动词词组＋了（参见"'把'字句"）

我姥姥把裙子给她了。

他把借的书都还了。

我把门给你锁上了。

你把东西收拾好了吗？

从上面的例句我们可以看出，表示动作完成的任务，并不是由一个助词"了"来承担的，而是由整个句子，甚至语境共同承担的。如果句中有两个"了"，或句中只有一个"了"，但有数量词，都可以确定动作、行为已经完成。但是，如果仅有"动词＋了"，那么，它可能表示动作、行为即将实现，也可能表示动作、行为刚刚实现，或动作、行为已经完成。事实上，在特定的语境中，一般是不会引起歧义的。例如：

我睡了。——表示"我要睡了"，因为正在睡觉的人是不能说话的。而表示已经完成的"我睡了",只用在回答时。

你睡午觉了吗?——我睡了。

§2.2.6 某种情况成为事实并仍然处在这种事实中。用"了"

我吃了饭了。

我刚吃了饭了。

天亮了。

这会儿天亮了。

※ 我上星期吃了饭了。

※ 我去年吃了饭了。

※ 昨天天亮了。

"天亮了",是"天亮"成为事实,并且说话的时候仍然处在这个事实之中。为什么不能说"昨天天亮了"呢?因为说话的时候已经经过了一个黑夜,不再处于"昨天天亮了"的情况下。"我吃了饭了"也是如此。"我吃了饭了""我刚吃了饭了"都是说"我现在仍然处于'吃了饭了'这个事实之中"。"你吃了饭了吗?——我昨天吃了饭了。"是说昨天吃完饭以后,一直没有再吃饭,仍然处在昨天"吃了饭了"的情况中。所以不能说"我上星期吃了饭了",更不能说"我去年吃了饭了。"

但是,如果句中有时点或修饰语,就可以说了。

我昨儿8点就睡了。

昨儿5点天就亮了。

他昨儿晚上5点就吃了饭了。

§2.2.7 某种动作行为成为事实,并仍然处于这种动作行为所产生的结果的状态中。用"了"

我做了一大锅饭。(现在有一大锅饭)

我买了油了。(现在家里有油了)

我在桌儿上放了一杯茶。(现在桌儿上有一杯茶)

桌儿上放了一杯茶。(现在桌儿上有一杯茶)

以上的句子都是单句,而且句中只有一个动词,表现一种动作行为。如果句中不止一个动词,或是复句,表现一连串的动作行为,而且后一个动作使得前一个动作所产生的结果发生了变化,那么,"了"所表示的"仍然处于动作行为所产生的结果的状态中"的时间延续到后一个动作的开始前,用图表示:

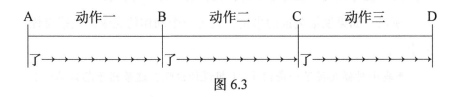

图 6.3

动作一从 A 点开始,不论它在什么时候结束,只要没有第二个动作出现,"了"就一直管到说话的时候为止。如果句中另有时间点的话,就管到句中的时间点为止。

我上礼拜买了一条裙子。(现在我还有这条裙子)

如果第二个动作在 B 点出现,而且,后一个动作使得前一个动作所产生的结果发生变化,那么,"了"就管到 B 点前,例如:

我做了一大锅饭,都吃了。(一大锅饭存在于"吃"前,现在处于第二个"了"所表示的结果状态中:饭没了)

我买了油了,又让大姐拿走了。(油存在于大姐拿走之前,现在处于第三个"了"所表示的结果状态中:油没了)

他出了门,又回来了。("他出门"这种情况一直延续到回来之前,现在处于第二个"了"所表示的结果状态中:在家)

下面的例子也是:

我在桌儿上放了一杯茶,谁给喝了?

我倒了一杯茶喝。

如果后一个动作没有使前一个动作所产生的结果发生变化,那么,所有的"了"表示的结果状态都延续到说话的时候为止,或延续到句中的时间点为止。例如:

我做了一大锅饭,又炒了好多菜,还熬了一锅汤。(现在饭、菜、汤都有)

上星期天,我做了一大锅饭,又炒了好多菜,还熬了一锅汤。(时间点:上星期天。在没吃以前,饭、菜、汤一直存在)

所以,如果说很久远的事情,只说一个动作的完成,是很奇怪的事情。

*我小时候儿买了一条裙子。(想说什么呢?这条裙子怎么啦?)

我小时候儿买了一条裙子,还没穿,就让我妈送人了。

§2.2.8 "完成"的否定式

完成的否定式是在动词前加"没"。

我没吃饭。

他就没想让您去。

我没买裙子。

昨天没下雨。

§2.3 如果想说明某件事是什么时候、什么地点发生的,用"的"(参见"助词")

昨儿5点天亮的。

这是我去年在北京买的。

第七章
名词词组

以名词为中心，整个词组的功能相当于名词的词组。

§1 名词词组主要是名词前加修饰语

例如："北京的交通"，"北京"是修饰语，"交通"是被修饰语。修饰语可以分为四类。

§1.1 修饰语是名词、代词、时间词
名词修饰语按照意义可以分成所属和分类两种。

§1.1.1 所属

被修饰语所指的对象所属于修饰语。

1. 修饰语后面加"的"：修饰语 + 的 + 被修饰语

北京的交通

学校的图书馆

日本的留学生

我们学校的老师

2. 修饰语后面加指示代词：修饰语 + 这/那 + 被修饰语

我那辆车

北京这交通

学校那图书馆

你们单位那看门儿的

如果受普通话影响,可以用"的",但在口语中,如果是已确定的事物,一般用"这、那",但如果是泛指,像"你的东西你拿走"中的"东西"不确定是什么东西,就要用"的"。

如果修饰语是人,被修饰语又是人或单位,通常用"他/她""他们/她们"连接修饰语和被修饰语:

修饰语+他/她、他们/她们+被修饰语

我爸他们单位

我妹妹她婆婆

3.如果修饰语是代词,有两种:

(1)人称代词+被修饰语

我姐姐:我姐姐走了。

我钱包儿:我钱包儿丢了。

你鞋带儿:你鞋带儿开了。

他腿:他腿摔折了。

(2)指示代词+(量词+)被修饰语

这事儿

这件事儿

那人

那个人

§1.1.2 分类

修饰语是被修饰语所指对象的分类。修饰语和被修饰语之间不能加"的"。

修饰语+被修饰语

金项链

木头桌子

玻璃房子

日本留学生

比较：

那个日本留学生我认识。（留学生是日本人）

日本的留学生现在有十万人。（在日本的留学生有十万人，留学生不是日本人）

§1.2 修饰语是动词

1. 动词 + 的 + 被修饰语

写的文章

做的饭

买的东西

种的菜

动词做修饰语时，后面必须有"的"，原因很简单，如果没有"的"，语法关系就完全不同了，例如"写文章"和"写的文章"。

2. 动词 + 这 / 那 + 被修饰语

你写那文章我看了。

我买那裙子你放哪儿了？

§1.3 修饰语是形容词

一般来说，按照音节分成两种。

§1.3.1 单音节形容词 + 被修饰语

好人

热水

大苹果

红裙子

实际上，单音节形容词做修饰语大多是很受限制的，通常是经常搭配在一起的词语，例如，可以说"湿衣裳、湿毛巾"，但很少说"湿床、湿墙"。想说明"床、墙"是湿的时候，要说"床是湿的、墙是湿的"，而完全不说"湿笔、湿小猫儿"。这是因为"湿衣裳"是常见的，也常说，"床是湿的"不常见，也不常说，而"小猫儿身上湿"更是偶然的现象。

§1.3.2 非单音节形容词＋的＋被修饰语

好吃的苹果

干净的屋子

热乎乎的饭

脏了吧唧的手绢儿

双音节形容词有些可以省略后面的"的"。例如：

年轻媳妇儿

你们有干净屋子吗？

§1.4 数量词＋被修饰语

一个人

两本儿书

三辆车

四把伞

§2 X+的

"X＋的"的作用相当于名词词组，从意义上说，是省略了"X＋的"所修饰的成分，或者说代替了"X＋的＋名词"。例如，"我的"

可能指"我的书",但是省略了书。所以,使用"X+的"的时候,必须有语境,以便让对方知道你省略的是什么。

§2.1 名词词组+的

这不是我的,是他的。

小王的在那儿。

八点的卖完了。

去年的不能用了。

这儿的没你们那儿的好。

上边儿的拿下来。

§2.2 形容词词组+的

"形容词+的"出现很自然。

别买烂的。

便宜的没好货。

这儿都是好吃的。

脏的我不要。

破了的粘起来。

干干净净的你不要,偏要那脏了吧唧的。

凉的不好吃,热乎乎的好吃。

加否定词也可以。

不好的不要。

不干净的别吃。

没熟的放的那儿。

没凉的晾晾再往瓶里装。

但是,"单音节形容词重叠式、带修饰语的形容词词组+的"则一般不能代替名词词组。

※ 我要大大的。

※ 你把挺好吃的拿走。

§2.3 动词词组+的

买的都给你了，我用的是借来的。

做好的放你屋里了。

走了的就不考虑了。

挨打的是谁？

§2.4 小句+的

加"的"时，"的"前一般没有"了"。

我昨天写的放哪儿了？

他给我发的我发给你了。

※ 我昨天写了的放哪儿了？

※ 他给我发了的我发给你了。

§3 多个修饰语的排列顺序

§3.1 不带"的"的修饰语

§3.1.1 表示质地、分类的修饰语

木头桌子

玻璃瓶子

布衣裳

中国地图

§3.1.2 单音节形容词

排列顺序为：大小、形状、颜色。

小红花儿

大白楼

小圆凳子

大方桌子

大高个儿

小矮个儿

※ 红小花儿

※ 白大楼

但有些是习惯形成的：

瘦高个儿

瘦长脸

§3.1.3 不带"的"的修饰语的排列顺序

大小、颜色、形状、质地

小绿玻璃瓶子

大方木头桌子

大胖柿饼儿脸

小黑八字儿胡子

+数量、指代

这个小绿玻璃瓶子

那个大方木头桌子

一张大胖柿饼儿脸

两绺儿小黑八字儿胡子

数量、指代除外，通常，一串修饰语中不带"的"的只有两项，如果三项以上，通常要加"的"了，并且可以移动到被修饰语后。少数形容词，如"大、小、胖、瘦"等一般不带"的"外，大多都可以加上"的"，并移动到不带"的"的修饰语前边。数量一般在最前边。

一个木头的小圆凳子

一个绿色儿的小玻璃瓶子

一个挺厚的黑皮本子

一个白色儿的小圆镜子

指代可以在最前边，也可以在带"的"修饰语的后边。

那个长方的大木头桌子

这个塑料的小白拢子

长方的那（个）大木头桌子

塑料的这（个）小白拢子

§3.2 带"的"的修饰语

如果几项都是带"的"的修饰语，则它们的位置自由。数量在最前边。

一个绿色儿的帆布做的书包

一个帆布做的绿色儿的书包

没用过的干净的毛巾

干净的没用过的毛巾

§3.3 所有修饰语的排列顺序

（指代＋数量＋）带"的"的修饰语＋（指代＋数量＋）不带"的"的修饰语

那两个穿大衣的人

穿大衣的那两个人

那件儿我去年买的黄毛衣

我去年买的那件儿黄毛衣

那件儿黄色儿的我去年买的毛衣

§3.4 修饰语在被修饰语后面

如果有多个修饰语，长的可以放在被修饰语后面。[1]

前边儿那个穿红衣裳、梳两条小辫儿的姑娘我认识。

前边儿那姑娘，穿红衣裳、梳两条小辫儿的我认识。

那绿书包，你爸给你买的，帆布的，你上中学的时候儿老背的，破不拉叽的，让我扔了。

前院儿那老头儿，老穿一身儿黑衣裳，拄着拐棍儿，病病歪歪的，昨儿死啦。

1　这是方梅教授最先发现的。多年前在一次聊天儿时跟我说的。

第八章
处所词组

处所词组是表示处所的词组，包括地名。处所词组可以分为两类，一类是地名、处所代词和"名词词组＋方位词""名词词组／动词词组＋这儿、那儿"组成的处所词组，一类是表处所的介词词组。

§1 可以表处所的名词和处所词组

§1.1 表处所的名词有三种
1. 地名

北京、东单、灯市口

2. 地点

门口儿、阳台

3. 可以表处所的单位

学校、图书馆、医院

§1.2 处所词组
1. 由两部分组成：名词和方位词。

方位词是表方位的词，只能跟在名词后表示方位，有：上、下、前、后、里、外、旁，也可以加上"边儿、头／首、喽（lou）/｛啦｝（la）"组成双音节方位词。

表8.1 和名词组合不受限制的方位词

方位词	边儿	头/首	喽/{啦}
上	上边儿	上头	-
下	下边儿	下头	-
前	前边儿	前头	前喽/{前啦}
后	后边儿	后头	后喽/{后啦}
里	里边儿	里头	里喽/{里啦}
外	外边儿	外头	外喽/{外啦}
旁	旁边儿	-	旁喽/{旁啦}
底下	-	-	-
东	东边儿	东头儿（街道）	东喽/{东啦}
西	西边儿	西头儿（街道）	西喽/{西啦}
南	南边儿	南头儿（街道）	南喽/{南啦}
北	北边儿	北头儿（街道）	北喽/{北啦}
左	左边儿	左首	左喽/{左啦}
右	右边儿	右首	右喽/{右啦}
			头喽/{头啦}

桌儿上

抽屉里

屋外

椅子上头

门后边儿

学校旁边儿

床底下

胡同儿东头儿

院子东边儿

你左首坐的是我妹妹。

路北喽那大白楼就是。

2. 加"这儿/那儿"的处所词组

名词/代词+这儿/那儿

王老师那儿有你想看的书。

我这儿还有点儿饼干,你先垫补垫补。

你把东西搁他那儿吧。

动词词组+这儿/那儿

我老遛弯儿那儿新修了一条路。

我把衣裳解洗衣裳那儿拿回来了。

你把衣裳放的跳舞那儿吧。

洗手这儿没胰子了。

§1.3 处所词组在句中的位置

§1.3.1 句首

1. 表示事物存在的地方,事物是无定的,这种句式一般要有数量词。有三种句式。

(1) 处所词组+有+数量+事物

屋里有几个人。

学校里有一个游泳池。

兜儿里有几块钱。

脸上有几个麻子。

门前有两棵树。

我这儿有你一封信。

只是在提醒的时候,才没有数量词。

你看，屋里有人。

学校有游泳池。（不需要去外面游泳）

他脸上有麻子。（注意他的特征）

否定式：处所词组+没（有）+事物

否定式一般没有数量词，只是在否定数量时，才有数量词，而且是用"不是"否定。

屋里没人。

学校没有游泳池。

你哥那儿也没钱。

A：门前有两棵树。　　B：门前不是有两棵树，是三棵。

（2）处所词组+动词+着+数量+事物

墙上贴着一张地图。

桌儿上放着一本儿书。

床上铺着一条蓝格床单儿。

车里坐着两个人。

门口那儿躺着一个人。

这种句式一般没有否定式。只有在否定对方的话时，才使用否定式。

A：地上躺着一个人。　　B：地上没躺着人啊。

（3）处所词组+动词+着+名词词组+呢

这种句式通常的意思是表示"在这种情况下"，真正要说的意思在后面。有时后面的话不说出来，但听话人肯定懂。（参见"助词"）

床上躺着人呢。（所以现在床不能搬）

箱子里放着书呢。（不是空的）

筐里装着他的玩具呢。（不是空的）

心里装着事儿呢。

2. 表示事物移动的出发点。事物是无定的。

屋里走出一个人来。

对面儿开过一辆车来。

河上漂过一条船来。

树上掉下几片儿树叶儿来。

§1.3.2 在动词后

事物是有定的，表示事物移动的终点。

1. 把+名词词组+动词+（的+）处所词组

"的"经常可以省略。

把车停的商店前边儿。/把车停商店前边儿。

把肉搁的冰箱里。/把肉搁冰箱里。

把书包放的床上吧。/把书包放床上吧。

我把书忘的学校了。/我把书忘学校了。

2. 名词词组+动词+（的+）处所词组

车我停的胡同口儿了。/车我停胡同口儿了。

伞立的门后边儿。/伞立门后边儿。

钥匙搁的桌儿上吧。/钥匙搁桌儿上吧。

肉搁的冰箱里。/肉搁冰箱里。

§1.3.3 在形容词词组前

树底下凉快。

路上不安全。

海上风大。

屋里黑。

§2 表处所的介词词组（参见"介词词组"）

§2.1 由介词"待 dǎi、[在（zǎi）]、{跟}、{挨（āi）}"组成的词组

我待这儿等你。

我待桌儿上放了一杯茶。

§2.2 由介词"解、且、[从（cǒng）]、打"等加处所组成的词组，表示事物移动的出发点

他从兜儿里掏出一串儿钥匙来。

他把钱解兜儿里掏出来。/他解兜儿里把钱掏出来。

第九章

形容词词组

在这一章中,我们要分析形容词词组的构成,形容词程度的比较,表示形容词程度的各种表现法及形容词词组在句中的位置。

§1 形容词词组的构成

§1.1 形容词重叠式

1. 单音节形容词重叠式

好好儿、乖乖、慢慢儿、忙忙

2. 双音节形容词重叠式 AABB

干干净净、安安静静、漂漂亮亮（liāngliāng）、破破烂烂、规规矩矩、痛痛快快

个别双音节动词、名词也用 AABB 式重叠,重叠后也可以当形容词使用。

勾勾搭搭、打打闹闹、零零碎碎

这些形容词重叠式后面都可以带上助词"de",可以做名词词组和动词词组的修饰语。如果是在动词词组的前面做修饰语,"de"要写作"地",在其他地方写作"的"。

在北京口语中,修饰语不能太长,如果有好几个修饰语,通常要放在后面几个。例如：

我这腿不行了，扶着桌子慢慢儿走还行，乍乍着。

我这腿不行了，扶着桌子走还行，乍乍着，慢慢儿的。

§1.2 修饰语＋单音节形容词

§1.2.1 修饰语可以和很多词搭配

1. 后面都可以带"的"，也可以重叠后带"的"。重叠式是ABAB。

老：老远、老大、老顶、老沉、老高、老深

老远的、老大的、老远老远的、老大老大的

老远的，让您跑这一趟。

齁儿：齁儿甜、齁儿咸、齁儿长

他做的菜齁儿咸。

这菜齁儿咸的，你少吃点儿。

我不爱吃这点心，齁甜。

2. 一般重叠后带"的"才能说，个别词不重叠也能说，但不重叠不能带"的"。重叠式是ABAB。

死：死胖、死咸、死甜、死沉、死硬

这东西死沉死沉的。

这东西死沉。

※ 这东西死沉的。

贼：贼胖、贼咸、贼甜、贼沉、贼滑、贼瘦、贼快、贼慢、贼亮

吃得贼胖贼胖的。

嫩（形容鲜花和新鲜蔬菜的颜色）：嫩白、嫩黄、嫩绿

刚长出来的小苗儿，嫩绿嫩绿的。

§1.2.2 下面这些词组，因为修饰语和被修饰语是一种固定的组合，所以也可以把它们看作是一个词。但是，因为这些词组和一般上面列举的那些词组在句中的位置一样，所以，我们把它们也算作是词组

1. 双音节

双音节形容词词组的重叠式也是ABAB。

精湿：褥子让他尿得精湿。

精滑：地上精滑。

精稀：粥精稀，都能照见人影儿。

精光：钱让他花得精光。

精瘦：人饿得精瘦精瘦的。

黢黑：天儿黢黑。／洞里黢黢黑黢黑的，没一点儿光亮。

焌黑：锅底熏得焌黑。

通红：小脸儿冻得通红。

洼（wà）凉：听他说了这们些没良心的话，心里洼凉洼凉的。

倍儿亮：皮鞋擦得倍儿亮。

飞快：刀磨得飞快。

刷（shuà）白：你看她脸儿刷白，别是病了吧。

铁青：气得脸儿铁青。／铁青着脸，这一通儿发脾气。

死灰：脸上死灰死灰的，觉着再没活路了。

矮胖：人长得矮胖，还谢顶。

瘦高：人瘦高，跟竹竿子是的。

梆硬：馒头冻得梆硬，咬都咬不动。

笔挺：衣服烫得笔挺。

笔直：站得笔直。

碧绿：叶子碧绿碧绿的。

冰凉：小手儿冰凉。

惨白：吓得脸惨白惨白的。

翠绿：镯子翠绿翠绿的。

粉白：小脸儿粉白粉白的。

粉红：粉红的裙子。

粉嫩：小脸儿粉嫩粉嫩的。

干冷：这天儿干冷干冷的。

干瘦：人干瘦干瘦的，没一点儿水灵。

滚烫：脑门儿滚烫滚烫的，赶紧上医院吧。

溜圆：眼睛瞪得溜圆。

黑红：脸晒得黑红黑红的。

黑亮：眼睛黑亮黑亮的。

黑瘦：人长得黑瘦黑瘦的。

白胖：人长得白胖白胖的。

焦黄：老抽烟，手指头熏得焦黄。

蜡黄：她病了盯两年了，脸蜡黄蜡黄的。

烂熟：课文背得烂熟。

溜光：分头溜光，苍蝇都得摔跟头。

溜滑：他这人溜滑，让人抓不住把柄。

闷（mēn）热：天儿闷热闷热的，憋雨呢。

喷香：她准洒香水儿了，身上喷香喷香的。

漆黑：外头漆黑漆黑的，带上手电筒吧。

傻高：甭看他高，没心眼儿，傻高。

煞白：吓得脸煞白。

酸臭：你几天没洗澡了？身上酸臭酸臭的。

酸疼：累得我浑身酸疼。

瓦（wà）蓝：天上瓦蓝瓦蓝的，一点儿云彩也没有。

乌黑：头发乌黑。

稀烂：肉炖得稀烂。

细长：眼睛细长。

腥臭：收拾鱼完了也不拾掇干净，弄得屋里腥臭腥臭的。

鲜红：嘴唇儿鲜红。

血红：眼睛血红，脑门儿上青筋都暴出来了，样子吓人。

雪白：雪白的墙。

阴冷：这地方阴冷，找个有太阳的地方待吧。

锃亮：皮鞋锃亮。

枯黄：头发枯黄。

2. 三音节

没有重叠式。

（1）ABB：

～乎乎：白乎乎、甜乎乎、臭乎乎、稠乎乎、黑乎乎、热乎乎、面乎乎、暖乎乎、胖乎乎、软乎乎、傻乎乎、油乎乎、圆乎乎、脏乎乎、晕乎乎、潮乎乎、烂乎乎

～冲冲：气冲冲、怒冲冲、急冲冲、兴冲冲

～哄哄：乱哄哄、闹哄哄、臊哄哄、牛哄哄

～烘烘：暖烘烘、热烘烘、臭烘烘

～滚滚：圆滚滚、肉滚滚

～丝丝儿：甜丝丝儿、咸丝丝儿、辣丝丝儿

～淋淋：水淋淋、血淋淋、湿淋淋

～溜溜儿：圆溜溜儿、滑溜溜儿、光溜溜儿、直溜溜儿、稀溜溜儿、细溜溜儿、酸溜溜儿（吃醋）、灰溜溜儿、顺溜溜儿、瘦溜溜

儿、贼溜溜儿

~滋儿滋儿：美滋儿滋儿、喜滋儿滋儿、乐滋儿滋儿

~兮兮：形容惨状。惨兮兮、苦兮兮、可怜兮兮

~洋洋：暖洋洋、喜洋洋、懒洋洋

~腾（tēng）腾：慢腾腾、热腾腾

~茸茸：毛茸茸、绿茸茸

~飕飕：冷飕飕、凉飕飕

~冰冰：冷冰冰、凉冰冰

~哼哼：气哼哼、骂哼哼

~呵呵：笑呵呵、乐呵呵、傻呵呵

~悠悠：慢悠悠、乐悠悠、笑悠悠、颤悠悠

~蒙蒙：雾蒙蒙、灰蒙蒙、白蒙蒙

~汪汪：水汪汪、油汪汪、泪汪汪

~快快：病快快、气快快

~扑扑儿：红扑扑儿、粉扑扑儿

~微微：笑微微

其他：

笑嘻嘻、笑眯眯、慢吞吞、沉甸甸（diāndiān）、病歪歪、羞答答、光秃秃、醉醺醺、湿漉漉、稀拉拉、响当当、亮晶晶、亮堂堂、水灵灵（līnglīng）、眼巴巴、眼睁睁、油光光、油腻腻、直挺挺、直盯盯、直瞪瞪、直勾勾、冷清清、气鼓鼓、密麻麻、软绵绵、明晃晃、硬梆梆、黑黢黢、黑洞洞、假惺惺、娇滴滴、紧绷绷、紧箍箍、空荡荡、空落落、静悄悄、松垮垮、文绉绉（zōuzōu）、白花花、喘吁吁、恶狠狠、孤零零、干巴巴、黑压压、好端端、光灿灿

（2）AAB：

梆梆硬：豆腐冻得梆梆硬。

冰冰凉：小手儿冻得冰冰凉。

团团转：急得团团转。

（3）～不叽儿：有点儿。

笑不叽儿：似笑非笑。不是高兴的笑。她笑不叽儿地说："听说你考上大学啦。"

味道＋不叽儿：表示喜欢的味道。甜不叽儿、咸不叽儿、酸不叽儿

不丝儿：表示喜欢的味道。甜不丝儿、咸不丝儿、辣不丝儿

（4）其他：

斜不签儿、稀得溜儿

3.四音节

A里/了AB：（"里、了"都可以，下面只以"里"代替）

糊里糊涂、迷里迷糊、模里模糊、娇里娇气、俗里俗气、妖里妖气、老里老气、流里流气、啰里啰唆、乌里乌涂、勒里勒得、马里马虎、慌里慌张、疙里疙瘩、晃里晃荡、哆里哆嗦

～不拉叽：表示厌恶。

破不拉叽、脏不拉叽、苦不拉叽、咸不拉叽、淡不拉叽、甜不拉叽、酸不拉叽、黑不拉叽、灰不拉叽、红不拉叽、傻不拉叽、呆不拉叽、瞎不拉叽

～了吧唧：表示厌恶。

（1）"～不拉叽"也可说的：

甜了吧唧、苦了吧唧、脏了吧唧、破了吧唧、淡了吧唧、酸了吧唧、黑了吧唧、灰了吧唧、红了吧唧、素了吧唧、贫了吧唧、傻了吧唧

（2）"～不拉叽"不能说的：

亮了吧唧、臭了吧唧、香了吧唧、大了吧唧、湿了吧唧、干了

吧唧、肉（磨蹭）了吧唧、远了吧唧、乱了吧唧、烦了吧唧、闹了吧唧、吵了吧唧、死了吧唧、笨了吧唧、蠢了吧唧、疯了吧唧

~了咕囊（nāng）：软了咕囊、肉了咕囊、皱了咕囊

~不呲咧：不好吃。白不呲咧、淡不呲咧、干不呲咧

~不隆（lōng）咚：黑不隆咚、圆不隆咚

~咕（gu）隆（lōng）咚：黑咕隆咚、圆咕隆咚

~不愣（lēng）登：傻不愣登、蠢不愣登

~不伦（lūn）敦：胖不伦敦、笨不伦敦

~不溜秋：黑不溜秋、灰不溜秋、滑不溜秋 / 滑不溜叽

~的：肥得噜儿的、美不滋儿的、臊不搭的、圆得乎的、软不塌的

其他四音节形容词：

板上钉钉、半傻不芥、笨手笨脚、笔管条直、不三不四、粗粗拉拉、大大咧咧、呆头呆脑、吊儿郎当（diǎo'érlāngdāng/diǎorlāngdāng）、二二乎乎、肥头大耳、好言好语、横眉立眼、横眉怒目、横七竖八、胡说八道、虎背熊腰、花里胡哨、叽叽歪歪、鸡飞狗跳、挤眉弄眼、娇声娇气、娇声嫩气、尽心尽意、磕磕绊绊、狼心狗肺、浪声浪气、愣愣瞌瞌、乱七八糟、慢声细语、忙忙叨叨、眉开眼笑、蜜里调油、嫩声嫩气、怒气冲冲、破衣拉撒、七老八十、七上八下、悄声细语、人五人六儿、人仰马翻、臊眉耷眼、神神鬼鬼、神头鬼脑儿、数数落落、说三道四、撕心裂肺、掏心掏肺、头昏眼花、推三阻四、乌烟瘴气、稀里糊涂、稀稀拉拉、稀汤寡水儿、喜笑颜开、小肚鸡肠、血渍呼啦、心心念念、虚头巴脑儿、吆三喝四、一来二去、一清二白、依里歪斜、疑神疑鬼、意意思思、油光锃亮、油头粉面、脏心烂肺、贼眉鼠眼、遮遮掩掩、直眉瞪眼、指手画脚

4. 多音节

脸红脖子粗、鞋趿拉袜趿拉、张家长李家短、锅朝天碗儿朝地、当不当正不正

以上这些形容词词组前后都不能有表程度的词语。

※ 特别干干净净。

※ 挺精湿的。

※ 甜了吧唧极了。

※ 胖乎乎死了。

§1.3 "X～的"，不能重叠，中间的形容词可以是单音节，也可以是双音节

挺～的：挺好的、挺高的、挺好吃的、挺便宜的

怪～的：怪甜的、怪气人的、怪可怜的

够～的：够傻的、够烦人的、够恶心的

§1.4 后面一般带"了"，不能重叠，中间的形容词可以是单音节，也可以是双音节

太～了：太好了、太烫了、太累了、太胖了、太脏了、太累人了、太麻烦了

忒～了：忒远了、忒咸了、忒坏了、忒滑了、忒烦人了、忒糊涂了

恨（hèn～了）（表示过分，只用于假设句）：恨远了，我就不去了。恨晚了，我就不等了。

可～了：可香了、可大了、可黑了、可好看了、可聪明了、可难吃了

§2 形容词表示程度的方式

§2.1 表示程度深

§2.1.1 副词 + 形容词

特别好吃

特好吃

齁儿咸

挺不错

关于它们的区别,参见"副词"。

§2.1.2 这(zhèi)/这个(zhèige)/那(nèi)/那个(nèige) + 形容词

听说你回来了,我这高兴。

昨儿夜里,我肚子这个疼,差点儿就叫救护车了。

人家这事儿干得这个漂亮。

他跟我那厉害,你是没瞧见。

他们家那个脏,就别提了。

§2.1.3 形容词后加表程度深的词语

1. 形容词 + 极了

好极了。

臭极了。

好吃极了。

难看极了。

2. [形容词 + 死了]

开始只是年轻人说,并且只是跟在感觉不好的形容词后。

饿死了。

困死了。

冷死了。

难吃死了。

后来发展到个别感觉好的也行。

高兴死了。

好吃死了。

3. 形容词 + 着的呢 / 着呢

老年人"着的呢"用得多,年轻人一般只说"着呢"。

我困着呢 / 着的呢。

这点心好吃着呢 / 着的呢。

我难受着呢 / 着的呢。

这孩子乖着呢 / 着的呢。

4. 形容词 + 得 + 什么是的

吓得什么是的。

冻得什么是的。

气得什么是的。

高兴得什么是的。

5. 形容词 + 得慌（heng）

一般只限于表示不好感觉的形容词。

我难受得慌。

我这胳膊酸得慌。

让蚊子咬了,痒痒得慌。

这椅子硌得慌。

6. 形容词 + 得 +[要命]

老年人不说。

气得要命。

累得要命。

疼得要命。

困得要命。

§2.1.4 形容词+得+表示结果的词语

结果可以说明程度深。

吓得话都说不出来。

冻得直哆嗦。

高兴得打蹦儿。

累得一步都走不动了。

§2.2 表示程度浅

表示程度浅可以分为两类，一类是和有预期的标准进行比较，一类是仅仅说明程度浅。

§2.2.1 不比较，只是说明程度浅

有点儿+形容词：

路有点儿远。

我有点儿不明白。

他有点儿糊涂。

今儿有点儿冷。

§2.2.2 和有预期的进行比较

形容词+点儿：

这地方远点儿。

这水烫点儿。

贵点儿我也买。

短点儿也凑合了。

"形容词+点儿"，既可以表示现在的状况，也可以表示希望的

情况。

这件儿小点儿,有大点儿的吗?

这水凉点儿,再热点儿。

形容词+了+点儿:只表示现在的状况,不能表示希望出现的情况。

这菜咸了点儿。

这个贵了点儿。

如果形容词是肯定式,又是表示现在的状况,老年人一般使用"形容词+点儿/形容词+了+点儿",年轻人使用"有点儿+形容词",但如果是表示希望出现的情况,都使用"形容词+点儿"。

这件儿有点儿小,有大点儿的吗?(年轻人)

这件小点儿,有大点儿的吗?(老年人)

如果形容词是否定式,只能使用"有点儿+形容词":

我有点儿不合适。(我有点儿不舒服)

※ 我不合适点儿。

和比较句不同的是,比较项不出现,只是和预期的标准进行比较。

§3 形容词词组表示可能的各种形式

§3.1 肯定式

1. 表可能的词+形容词

许:表示不确定。一般用"许",偶尔也可以用"也许"。

饭许凉啦。

这鞋许小点儿。

他许太累啦。

他也许饿极了。

[可能]：表示不确定。

饭可能凉啦。

这鞋可能有点儿小。

他这人可能有点儿太要强啦。

这门可能坏啦。

能：表示可能性大。

看这天儿，晚上能凉快。

您这腿肯定能好。

您坐这儿，能舒服点儿。

再泡两天，能软喽。

2. 形容词+得了

一般只用于问话和回答。

我这病好得了吗？——好得了。

这衣裳干得了吗？——干得了。

§3.2 否定式（参见"北京话的特殊语法范畴"）

实际会话中，否定式比肯定式用得多。

1. 形容词+不了

表示不可能。

就这样儿，好吃不了。

这车刚当刚当的，快不了。

今年的考题容易不了。

这里边儿的事儿咱明白不了。

2. 许+不+形容词

表示不能肯定。

你的意思他许不明白。

看这样儿，许不好吃。

他今儿许不高兴。

他们家许不远。

3. 没法儿+形容词

表示受条件限制，没有办法做到。不是人为可以办到的，就不能用"没法儿"。

你这们说，人家没法儿明白。

你没刮鳞，没法儿好吃。

瞅着他，谁都没法儿生气。

这刀都锈成这样儿了，没法儿快。

※ 没法儿矮。

※ 没法儿难办。

4. 形容词+不+起来

一般只用于表心情的形容词。

摊上这种事，谁也高兴不起来。

想生气也生不起来。

我现在都麻木了，[激动]不起来。

心情不好，[兴奋]不起来。

因为"不能"一般表禁止，所以一般不用于表不可能。

您不能生气，生气对您身体不好。

如果用"能"表示可能，且又否定的话，通常使用反问句。

他哪儿能生气呀？

但如果是人力不能禁止的，例如自然现象，"不能"就可以表不可能。

看这天儿，不能下雨。

§3.3 疑问式（参见"疑问句"）

1. 能＋形容词＋吗

表示一般询问。

那儿能凉快吗？

这病能好吗？

他能高兴吗？

这菜放两天能坏吗？

2. 形容词＋得了＋吗

和"能＋形容词＋吗"比起来，有怀疑的语气。

这病好得了吗？

这菜放两天坏得了吗？

这衣裳一会儿干得了吗？

你那儿凉快得了吗？

3. 形容词＋不了＋吗

和上面两种句式比起来，怀疑的语气更强烈。

这菜放两天坏不了吗？（觉得会坏）

就这小病，好不了吗？

晒一下午，还干不了吗？

罩上塑料布，就潮不了吗？

以上的疑问句式都可以用于反问。

这能好吃吗？（不好吃）

这好吃得了吗？（不可能好吃）

这菜放一礼拜还坏不了吗？（得坏）

§4 形容词词组的功能

§4.1 做修饰语

1. 名词修饰语

好人

挺好的衣裳就让他给扔啦。

红扑扑的小脸儿，可爱极了。

臭烘烘的鞋，搁外边儿去。

冰凉冰凉的小手儿，快暖和暖和吧。

2. 动词修饰语（参见"动词词组"）

慢走

她笑嘻嘻地递给我一封信。

热乎乎地吃上一顿。

糊里糊涂就上了人家的当。

§4.2 位于动词后（参见"动词词组"）

§4.2.1 单个形容词

1. 位于动词后，说明结果。

洗干净

说明白

码整齐

想清楚

2. 位于"动词＋得"后，表示可能；极少数词在年轻人中可以表示结果。

[说得对]

[干得好]

洗得干净

说得明白

走得快

吃得饱

§4.2.2 形容词词组

位于"动词+得"后,表示进入到说明状态。

他把衣裳洗得干干净净的。

他把前因后果说得明明白白。

你干得漂亮极了。

豆腐冻得梆硬。

第十章

动词词组

动词词组是指以动词为中心的词组。我们先把动词按照意义分类，再讨论每类动词和动词词组的关系。

§1 动词按意义分类

动词按意义分类，是指按照动词本身的意义分类。在第二章中，我们说过，北京话动词有静态和动态之分，静态动词后面要带"着"，动态动词不带。那么，什么动词是静态的，什么动词是动态的呢？从意义角度出发，我们把动词分成十类。

§1.1 动静动词

这类动词在不带"着"的时候，呈现出一种动态特征，即可以用眼睛看出来在运动的动作；在带"着"的时候，呈现出一种静态特征，即可以用眼睛看出来的静止的现象。

她关门呢。（她正在进行"关门"这个动作）

她关着门呢。（她的门现在关着呢）

因此，这类动词表现静态的时候，必须带"着"，因为不带"着"就变为表示动态的了。

他举哑铃呢。　　他举着哑铃呢。

他穿衣裳呢。　　他穿着一件大衣。

§1.2 静态动词

这类动词永远呈现出一种静态的特征。

他敞着门呢。

盆里湃着西瓜呢。

地上汪着一汪水。

汤上漂着几个油星儿。

§1.3 状态动词

这类动词所表现的行为、现象不能用眼睛直接看到，但是可以通过其他方式感觉到其处于一种不变的或者说是静止的状态中。

让你这么干，我就担着不是。

出了事，我兜着。

您老护着他。

睬着他。

§1.4 心理动词

表示心理活动的动词。

我算计着还差五个人。

我琢磨着不能让他去。

你掂量着这们办行不行？

我估摸着你快来了。

§1.5 动态动词

这类动词永远呈现出一种动态的特征。

他吃饭呢。

她洗衣裳呢。

他打电话呢。

我跳绳儿呢。

§1.6 活动动词

这类动词所表现出来的行为、现象不能用眼睛直接看到，但可以通过一系列的活动表现出来。

她现在泡病假呢。

这人特巴结领导。

他们现在办离婚呢。

他现在应付检查呢。

§1.7 瞬间变化动词

这类动词除个别词外，表现出来的都是一种瞬间的变化。

行李丢了。

他爷爷死了。

我们俩掰了。

他碰了我一下儿。

§1.8 感情动词

这类动词表现的都是人的好恶感情。

他恨你呢。

她喜欢你。

我讨厌他。

他好喝酒。

§1.9 能愿动词

表现可能、必须、意愿等。

我得去。

他不能让我去。

我懒得跟你说。

她愿意嫁给他。

§1.10 特殊动词

这类动词只有"在、没、有、是、像"几个。

我现在不在家。

我没工夫。

他有工作。

他是我哥哥。

她长得像她妈。

每类动词后面可以跟"着"的情况的不同。如下表所示：

表 10.1 不同动词类别带"着"的情况

动词类别		带"着"的情况
动静动词	静态	+
	动态	−
静态动词		+
状态动词		+
心理动词		±
动态动词		−
活动动词		−
瞬间变化动词		−
感情动词		±
能愿动词		−
特殊动词		−

带"着"的静态动词和不带"着"的动态动词的分布基本上是一样的，在句中没有副词、句末没有"呢"时表示意愿、祈使或一

般的情况。例如：

您吃啊。

您坐着啊。

你抽烟吗？——抽。

这条胡同通着大街吗？——通着。

要表示在某一时点上正在继续时，句末要加"呢"。例如：

他吃饭呢。

他开着门呢。

要表示一直在持续时，句中要加相应的副词。例如：

他回来就一直看电视。

他一直等着你。

§2 动词词组中动词和修饰语的关系

动词词组的修饰语可以是副词、形容词或表示方式、速度、状态等的词组。在北京口语中，短的修饰语在动词前，长的修饰语可以在动词前，也可以在动词后。如果不止一个修饰语，短的离动词近，长的离动词远。

§2.1 单音节修饰语＋动词词组

1. 副词/形容词＋动词

单音节修饰语通常是副词，但也有少数形容词。

就走。

都给你。

快跑。

慢吃。

例外：可以放在动词词组后。

来啦都？

实际上，"来啦都？"是最自然的打招呼的说法，"都来啦？"反而不自然。

2. 这 + 动词

动词一般不表示程度，但在某种情况下用"这"表示动作超出一般的剧烈。

我一叫他，他这跑。

她这嚷嚷，满院子都让她吵醒啦。

他这吓唬人家。

这跟我呛呛，嗔着我把车借人了。

§2.2 双音节修饰语 +（地+）动词

北京话在双音节修饰语后加"地"的情况比普通话多。例如，"赶紧、一直"等后一般加"地"。

赶紧（地）追她去。

一直（地）在这儿哭呢。

干脆（地）回他一个不愿意。

索性分家吧。

因为"儿"不是独立音节，所以"好好儿"等归入双音节。

好好儿吃。/ 好好儿地吃。

早点儿睡。

例外：不用"地"，而用"着"。

乍乍着走。

他上赶着追的人家。

他骑马，把里帘儿磨破啦，哈巴着走。

双音节修饰语也可以放在动词词组后，但一定要加上"的"。

把这乱七八糟的都收拾好喽，赶紧的。

他跟张先生学书法，一直的。

§2.3 拟声词、拟态词＋动词

1. 拟声词、拟态词＋动词

小猫儿看着我"喵喵"直叫。

车上的东西稀里哗啦掉下来了。

咕咚咕咚把水都喝啦。

忽喽忽喽几口就把粥喝光啦。

2. 拟声词、拟态词＋地＋动词

他哈哈地笑起来。

他吭哧吭哧地把麻袋都装上车了。

大风呼呼地刮，大雨哗哗地下。

他啪啪地拍门。

3. 拟声词＋的一声/一下儿＋动词

他"啪嚓"一下儿摔了个大跟头。

树枝"咔嚓"一下儿断了。

火车"mēngr"的一声开走了。

双音节拟态词＋一下儿＋动词

他康嚓一下儿咬了一大口。

他就这们"梆当"一下儿走了。

§2.4 多音节修饰语＋地＋动词／动词＋多音节修饰语＋的

一进门儿就瞪着眼、粗脖子红脸地跟我嚷嚷。

一进门儿就跟我嚷嚷，瞪着眼、粗脖子红脸的。

一进门儿就瞪着眼跟我嚷嚷，粗脖子红脸的。

您如今能扶着墙、蹭着地、乍乍着慢慢儿走两步。

您如今能慢慢儿走两步，扶着墙、蹭着地、乍乍着。

您如今能乍乍着慢慢儿走两步，扶着墙、蹭着地。

§3 动词按功能分类

　　§1中动词按意义分类，是指按动词本身的意义分类，本节中所谓按功能分类，是指在动词和名词的组合中，动词和名词在意义上的联系。

　　受事是动作的承受者，在动词后的名词绝大部分都是受事，但还有一小部分在意义上不是受事，例如："吃"和后面词语在意义上的联系。

吃劳保、吃家里、吃他父母（依靠劳保、家里、父母生活）

吃大碗（工具）

吃食堂（处所）

吃小灶儿（方式）

　　因为这样的意义关系是极少数的，而且不能形成规律。例如，可以说"吃大碗、吃小碗儿"，但不能说"吃大盘、吃筷子"；"吃食堂"中的"食堂"是处所，但是"吃家里"中的"家里"是指依靠，所以我们把它们归入到固定结构。

　　在一个句子中，时间词和处所词不算，一个动词可以和几个名词在意义上有联系，施事、受事、接事，按照动词和它们的关系，我们把动词分成几类。

§3.1 一项动词

一项动词就是只可以和一个名词有联系，一般语法书上叫不及物动词。例如：

他走了。

我睡觉啦。

因为只和一个名词有关系，所以，无论这个名词是出现在动词前，还是出现在动词后，都不会引起误解。例如，一个不太会说话的孩子，只说出"狗狗"和"死"，我们都会理解为"狗死了"。那么，在什么情况下，名词出现在动词前，在什么情况下，出现在动词后呢？正如我们前面所说，有定的在动词前，无定的在动词后。

因为有数量词的词组一般是无定的，所以，有数量词的时候，名词都出现在动词后。例如：

小树苗儿活了。活了两棵。

他走了。走了一个人。

无定的出现在动词前，必须加上"有"。

有人来了。

有三棵树活了。

能和一项动词组合的一般是施事，但有的很难说，例如自然现象，像"下雨"，"雨"是施事，还是受事呢？我们不纠缠这个，只看功能。同样，自然现象也是有定在动词前，无定在动词后。因为一般自然现象都是无定的，所以一般出现在动词后。

下雨了。

刮风了。

但如果是有定的，则要放在动词前。

这雨下大了。

风停了。（知道是指的什么风）

§3.2 二项动词

二项动词就是可以和两个名词有联系,一般语法书上叫作及物动词。二项动词在动词中是占大多数的。例如"吃、做、开、买"等等。施事永远位于二项动词前。受事,无定的在二项动词后。(参见"语序")

我吃了一个苹果。

我做了一锅粥。

有定的在二项动词前。

那苹果我吃啦。

钥匙我放桌儿上了。

后来因为出了这事儿呢,断绝了关系,把她们赶出来了。

我钥匙放的桌儿上了。

§3.3 三项动词

三项动词就是可以和三个名词有联系。三项动词的特点是除施事、受事外,还必须有一个接受受事的人或单位。例如,"送"有一个人送出,就得有接受的对象,也就是接事。施事、接事的位置是固定的,受事如果是无定的,则出现顺序为:施事+动词+接事+受事。

王老师教我们历史。

他送我一本儿书。

我告送你一件事。

他卖我一个旧手机。

"告送、教"后面的受事可以由小句或动词词组替代。

他告送我你上大学了。

他教我怎么写论文。

如果受事是有定的，则语序为：

1. 受事＋施事＋动词＋接事

那手机我送他了。

那件事他告送我了。

你借的钱我还给他啦。

你这辆车你哥哥卖给我啦。

2. 施事＋把＋受事＋动词＋接事

我把那手机给他了。

他把这事儿告送我了。

我把书还给图书馆了。

他把解锁的法子教给我啦。

而不能说：

※ 他卖我这个手机。（如果不结句，可以说。"他卖我这个手机，自有他的用意。"）

※ 我送给他那个礼物。

§3.4 小句动词

小句动词是指可以带小句的动词。小句动词语义上的特点是可以感受、表示看法、意志等等的一类词。

我以为你今天不来呢。

我觉得这个菜太辣了。

你妈还担心你回不来呢。

我知道你做饭好。

我听说他上海南了。

我看见你妈买东西去了。

这事值得你干。

表示意志的动词要受到限制，小句的施事只能和句子的施事是同一个。

我打算己个儿（jǐgěr）去。

他愿意一个人干。

因为意志是自己的意志，不能代替别人的意志，所以，如果句子、小句的施事不是同一个的话，要用"让"。

我打算让他去。

※ 我打算他去。

他愿意让我干。

※ 他愿意我干。

"想"既有表示看法的意思，也有表示意志的意思，表示看法时，可以带小句。

我想他不能来了。

表示意志时必须加"让"。

我想让他去。

※ 我想他去。

小句动词后面大多可以带动词或形容词词组。

我同意去。

我以为要下雨呢。

我看见跑了一个人。

我觉得难受。

§3.5 能愿动词

能愿动词后面只可以跟动词词组（包括单个动词）。

他能去。

我得干活儿。

我懒得跟你说。

我想让你去。

§3.6 各类动词之间的关系

我们叫二项动词、三项动词、小句动词，并不是说二项动词必须要带上施事和受事，三项动词必须要带上施事、受事和接事，小句动词后面只能跟小句。实际上，它们也可以只和一个或两个名词一起出现，根据语境省略不算。请看下面的例句。

1. 二项动词

我吃。

苹果吃了。

我吃苹果。

2. 三项动词

我给。

我给了一个苹果。

我给了他一个苹果。

我给他了。

那苹果给他了。

※ 苹果给了。（在对比时可以说"苹果给了，梨没给"，我们把它看成是省略）

3. 小句动词

有些小句动词可以只和施事组合，有些不能。

我知道。

我愿意。

※ 我当是。

※ 我打算。

※ 我以为。

不能只和受事组合。（省略不算）

※ 知道这件事。

※ 看见他了。

表 10.2　动词的功能分类

功　能	一项动词	二项动词	三项动词	小句动词	能愿动词
只有施事	+	+	+	(+)	−
只有受事	−	+	−	−	−
施事＋受事		+	+	(+)	−
施事＋接事	−	−	+	−	−
受事＋接事	−	−	+	−	−
施事＋接事＋受事	−	−	+	−	−
带小句	−	−	−	+	−
带动词词组	−	−	−	+	+

§4 动词的连接

一句话中如果有两个以上的动词，则有以下几种情况：

§4.1 两个动词可以直接连接

§4.1.1 动词＋去/来

上你们家吃去。

你上我们家玩儿来。

当然，在第一个动词后，也可以插入其他词语：

回头再下棋来。

有工夫儿家里坐着去。　（有时间的话，到我家玩儿去）

我买东西去。

§4.1.2 动词（动作）+ 结果

第一个动词表示动作，第二个动词或形容词表示通过动作而得到的结果。表示结果的动词、形容词一般语法书上叫结果补语。

我们旁边儿的那家街坊昨天搬走了。

把窗户开开。

把雨伞带上。

把衣裳洗干净。

否定式：没 + 动词 + 结果

这白薯没蒸熟。

这本儿书我还没看完呢。

昨儿没吃饱。

他还没睡醒。

这种否定式只能带有定受事，不能带无定受事。

这件衣裳我没洗干净。

※ 我没洗干净一件衣裳。

§4.1.3 动词（动作）+ 趋向

趋向指表示趋向的动词或词组，例如"出来、上来"等，也可以说是动作后的一种结果。这种句式，否定句要比肯定句多。

1. 趋向动词词组的构成

趋向动词词组通常由"单音节的趋向词 + 来 / 去"构成。

表 10.3　单音节的趋向词 + 来 / 去

单音节的趋向词	来	去
上	+	+
下	+	+
进	+	+
出	+	+
过	+	+
起	+	-

2. 趋向所表示的都是物体的移动（参见"介词词组"）

（1）起点 + 趋向

起点用介词词组表示。如果句中有受事，要插在"来 / 去"前面。

他从教室走出来。

你从第三个门进去。

解兜儿里掏出一块钱来。

从桌儿上拿起一把钥匙来。

如果受事在"来 / 去"后，则不能结句，而且不太常用。

他解兜儿里掏出来一块钱，放的桌儿上。

他从桌儿上拿起来一把钥匙，递给我。

最自然的说法是放在"来 / 去"前：

他解兜儿里掏出一块钱来，放的桌儿上。

他从桌儿上拿起一把钥匙来，递给我。

如果施事是无定的，也要插在"来 / 去"前。

前边儿开过一辆车来。

楼上跑下一个人来。

如果放在趋向词后，一般不能结句。

前边儿开过来一辆卡车,是咱们要等的那辆不是?

楼上跑下来一个人,慌慌张张的。

否定式:

没+动词+趋向

表示情况还没发生。

他还没把桌子搬出来。

他还没拿出钱来。

车还没开出来。

他还没爬上来。

(2)动词+得+趋向

表示可能。

这山我爬得上去。

开得进去吗?

否定式:动词+不+趋向

太高了,爬不上去。

太大了,塞不进去。

胡同太窄了,车开不进去。

我没钱,掏不出5000块。

3.趋向动词词组的引申义

(1)起来:表示开始。

他的病一天天好起来。

他哇哇地哭起来了。

他们唱起歌儿来。

例外:想起来

我想起来他叫什么了。

（2）上来：表示可能。通常使用否定句。

那话怎么说来着？就在嘴边儿，说不上来。

这调儿太高了，我唱不上来。

（3）出来：

①表示能分辨。通常使用否定句。

这是什么东西？你吃出来了吗？——吃不出来。

您真年轻，看不出来都七十了。

我听不出来他是哪儿的人。

②表示得出结果。通常使用否定句，意思是无法得出结果。

那你写出来了吗？——我写了好几天也写不出来。

这答案我怎么也想不出来。

这样子我做不出来。

这话我说不出来。

（4）过来：通常使用否定句。表示因为种类太多，不能一一完成。

展品太多了，看不过来。

这个饭店早餐特丰盛，吃不过来。

（5）下去：表示继续下去。

怎么也得干下去。

这本儿书一点儿意思也没有，我看不下去。

§4.1.4 让+动词

"让"后通常有名词，但有时名词可以不说，"让"就成为动词，是"允许"的意思。（参见"使役句"）

妈让吃的。

爸爸不让看。

§4.1.5 动词重叠式

如果是两个音节的动词，则重叠式为ABAB。

1. 动词重叠后的意思。

（1）有一种轻松的语气，如果在祈使句中，有一种婉转的语气。

我妈现在见天儿就是买买菜，遛遛弯儿。

这是我写的，您帮我看看，行吗？

这意思我得咂摸咂摸。

你把这儿拾掇（shídou）拾掇。

（2）重叠的动词第一个音节为重音，有不满、气恼的语气。

你'看看，这屋乱成什么样儿了！

你让他'想想，这日子还过不过了！

（3）动作是连续进行的。

他点点头。

他冲我摇摇手儿。

2. 动词重叠后的功能。

动词重叠后的功能很受限制。

（1）不能表进行。

※ 我吃吃饭呢。

※ 他们开开会呢。

（2）不能加"的"后做修饰语。

※ 我买买的裙子是红的。

※ 我做做的饭不好吃。

（3）后面不能带时段词。

※ 他看看一个钟头电视。

※ 我等等他五分钟。

（4）不能表示方式。（参见下一节）

※ 我走走着去。

※ 我用筷子夹夹着吃。

（5）不能带时态助词。

※ 我吃吃了。

※ 我写写过小说儿。

如果表示完成，只能用"动词＋了＋动词"的形式，而且不能结句。

我尝了尝，不好吃。

他瞧了瞧我，扭头走了。

如果时间点移动到当时，则可以不加"了"。（参见"时态"）

他瞧瞧我，扭头走了。

（6）不能在"一……就……""一边儿……，一边儿……"等格式中出现。

※ 一学学就会。

※ 一边儿喝喝茶，一边儿看看电视。

（7）施事必须是有定的。

我爸爸每天看看书，买买菜，遛遛弯儿，享受他的退休生活。

我瞧瞧。

你尝尝。

※ 好多人尝尝。

※ 两个人尝尝。

但加上副词"就是、都是"，就可以了。

好多人就是看看，不买。

这是因为加上"就是"等，表现的是"我认为"。所以只能出现表示一般情况的无定词语，不能是有具体数字的无定词语。

一般人就是看看，不买。

差不离儿的人，就是看看，不买。

有的人就是看看，不买。

少数人就是看看，不买。

※ 三个人就是看看，不买。

§4.2 表示一连串的动作

动词之间要插入名词词组、结果等词语，除趋向动词外，其他动词不能直接和动词连接。

拿钥匙开门。

掏出钥匙开门。

开门出去看了一下。

他跳起来说："太好啦。"

§4.3 动词之间插入助词，有四种情况（参见"助词"）

§4.3.1 动词+了+动词

表示动作的前后。

洗了澡睡觉。

吃了饭上学去。

下了班就去。

拿了钱才走。

§4.3.2 动词+着+动词词组

前面的动词表示方式。

我走着去。

他笑着递给我一杯茶。

小王哭着跟我说，他不敢了。

用筷子夹着吃。

§4.3.3 动词＋得＋动词/形容词

表示可能。

我听得懂。

我走得动。

这儿亮，看得清楚。

否定式：动词＋不＋动词/形容词

我没劲儿了，搬不动了。

这衣裳太脏了，洗不干净了。

§4.3.4 动词＋得＋状态

前面的动词表示一种动作行为，后面的状态是指由于这种动作行为而引起的状态、结果，而且这种状态、结果必须表示程度高，不表程度高的就不能出现在这种句式中。状态可以是小句，也可以是动词词组。

吃得我裤腰带都系不上了。

走得脚都肿了。

衣裳洗得都没魂儿了。（衣裳不再挺了）

写得我头昏脑胀的。

跑得上气不接下气。

嚷嚷得楼下都听见啦。

※吃得我有点儿饱了。

祈使句中，"得"后可以带"点儿"：

把衣裳洗得干净点儿。

但这只是表示委婉的说法，不表程度。

§5 表示可能的各种形式

§5.1 表可能的词 + 动词

1. 能 /[可能]：表示推测。否定式：不能。

今儿他能来。

有他跟你去，不能有事。

瞧这天儿，不能下雨。

看这样儿，他不能是老师。

2. 没法儿：表示不是出于人的意愿，只是客观上不允许。

雨太大了，路都淹了，没法儿去。

事实都摆的那儿，我没法儿帮你说话。

都发霉了，没法儿吃了。

瞧他穿成这样儿，我没法儿夸他。

3. 许、也许、横、横许、管么等：表示推测。和"能"比起来，不太肯定。（参见"副词"）

明儿许下雨。

他也许不来了。

他横有事儿，您别等他了。

你使使这个，横许管事儿。

他管么有五十了。

§5.2 动词 + 得了

表示客观原因。

你今儿走得了吗？

这们多，吃得了吗？

否定式："~不了"。否定式比肯定式用得多。

1. 东西太多了，所以不能。

菜太多了，我吃不了。

这么多，我拿不了。

2. 由于各种条件限制，所以不能。

我有事儿，去不了。

现在没车了，去不了。

大雪封山，去不了了。

今天没带钱包儿，买不了。

§5.3 动词＋得～

表示各种客观原因。否定式：动词＋不～。否定式比肯定式用得多。

1. 动词＋得起：因为有钱。

两千块，我还买得起。

否定式：动词＋不起。因为没钱。

太贵了，买不起。

他爸爸失业了，上不起大学了。

一服药就一千块，吃不起。

那大饭店我可住不起。

例外：

你太看得起我啦。

别看不起人。

2. 动词＋得动

这包我拿得动。

否定式：动词＋不动。因为各种原因而无法动。

太沉了，我拿不动。

我走不动了。

我老了,干不动了。

这车坏了吧?怎么推不动。

3. 动词+得着

你那儿吃得着羊肉吗?

否定式:动词+不着

(1)因为受事所指的东西没有。

那会儿买不着卫生纸了。

海南岛看不着雪。

现在吃不着纯粹的北京小吃了。

再也听不着他的声音了。

(2)暂时不需要。

天儿热啦,厚衣裳都穿不着啦,收起来吧。

考完啦,这些书都用不着啦。

例外:

你最近见得着老张吗?

那本儿字典我怎么也找不着了。

§5.4 动词+得+结果/趋向:表示通过动作、行为后,可能得到预想的结果

放心,这衣裳洗得干净。

这黑点儿洗得下去。

否定式:动词+不+结果/趋向

这衣裳太脏,洗不干净了。

定价太高了,卖不出去。

这锁锈住了,开不开。

我想不明白他怎么能这们干。

#　第十一章

介词词组

　　什么是介词呢？就是介绍在同一句话中名词和动词在语义上的关系的词。因为语言是一种线性结构，说话必须按顺序来，那么，名词就只能出现在动词前或动词后。如果和这个动词有关系的名词多了，势必引起理解上的困难，所以要用介词说明它们之间的关系。例如，表示动作、行为发生的地点、时间，表示动作发生时所使用的工具，表示说话人对事情的看法、态度等等。

　　介词不能单独成句，后面一般跟着名词，名词后再跟动词，"介词＋名词＋动词"才能成句。我们把"介词＋名词"称为介词词组。

§1 表示过程开始和结束

　　过程包括时间和空间两种。
　　时间从开始到结束。例如：
　　从今天到明天。
　　空间从开始移动到结束。例如：
　　从北京到东京。

§1.1 表示空间移动的出发点（参见"处所词组"）
　　由下列这组介词组成：
　　解：你解哪儿来？
　　解这儿到西单，得一个钟头。

且：你且哪儿来？

{起}：你起哪儿来？

起这儿到西单，得一个钟头。

[从（cǒng）]：这封信是从哪儿寄来的？

我从家来。

打：你打哪儿来啊？

打东边儿走近。

由：由兜儿里掏出一块钱来。

由你姐姐家走的。

§1.2 上面这组介词的引申用法

从实际的空间又可以引申到抽象的空间。

解：你解哪儿知道的这件事？

且：遇上这烦心事，且哪儿高兴得起来。

{起}：我起心里不愿意去，可是没法子，去吧。

从：是你不是你，你可要从实说。

他心里藏不住事，有什么都能从脸上看出来。

打：这事他打心眼儿里不愿意。

由：借的钱，由每月薪水里扣。

这组介词的功能一样。我家老人主要用"解"。"且""打""从（cǒng）"使用最广泛，有人偏重用某个，但也可以自由使用。"从（cóng）"是说话人想用标准普通话时使用。

§1.3 表示时间开始的：由打、打由、起打、自打、自从、打从、解、从、起、且、自、打、由。如果介词后是时间词，后面经常跟"起/开始"。可以分为三组

§1.3.1 后面既可以是时间词，也可以是表示时间的小句。

解：

解一上班，晚饭就没待家吃过。

解明儿个起，他就上班了。

我解昨儿个 9 点睡到今儿早上 9 点。

解他这一病，我就没睡过好觉。

且：

且小儿，他就不学好。

且明儿个起，他就上班了。

我且昨儿个 9 点睡到今儿早上 9 点。

且他来了，您瞧我们这家还是家吗？

[从]：

从明儿起，我要好好儿用功了。

从小儿，我就瞧着这孩子有出息。

从他们结婚到现在，她就没叫过我。

从上礼拜就开始下雨，一直没停过。

由打：

由打昨儿起，他就没精神。

由打一上班，他就搬出去住了。

打由：

打由昨儿起，他就没精神。

打由嫁过来，她就没进过厨房。

打：

打昨儿晚上，就有点儿闹心。

打跟我闹别扭以后，他就不理我了。

打从：

打从昨儿起，不戴口罩就不让出门了。

打从接到你的信，我这心里就七上八下的。

{起}：

起头年，就经常犯糊涂。

起搬出去，就没回来过。

{起打}：

起打一病，他就没正经吃过东西。

起打她嫁过来，就没叫过我。

起打明儿起，你就回家吃吧。

起打昨儿起，他就没正经吃过东西。

§1.3.2 后面一般只跟表示时间的词组或小句，不跟具体时间词

自打：

自打听说这件事，他就没露过笑脸儿。

自打出了那事儿，他就没笑过。

自打她病了，我就见天儿来。

※ 自打上礼拜，我就见天儿来。

自从：

自从上了大学，他倒有点儿发愤的意思。

自从让人骗了，她就谁都不信了。

自从那场大水后，这儿就没人住了。

※ 自从头年，这儿就没人住了。

自：

我自小儿就认识他。

自他来了以后，这儿就没消停过。

§1.3.3 后面一般只跟时间词，不跟表示时间的小句

由：

由七月起，这儿改单行线了。

由昨儿晚上开始，就上吐下泻的。

※ 由上了大学，他倒有点儿发愤的意思。

§2 表示动作、行为、事件发生的场所

§2.1 表示动作、行为、事件发生的场所（参见"处所词组"）

待（dǎi）：

你待哪儿住呢？

我待车站等你。

她待厨房做饭呢。

待床上堆了好多书。

[在（zǎi）]：

在图书馆看书。

这裙子你在哪儿买的？

{跟}：

你跟哪儿呢？

我跟车站等你。

{挨（āi）}：

你挨哪儿呢？

我挨车站等你。

她还没醒过来呢，挨床上躺着。

一退了休吧，挨家里瞧孩子，给小孩儿们减轻点儿负担。

"待""在""跟""挨"用法一样，但使用的人群不同，似乎和地域、阶层有关，北京城内的老北京人只说"待"，后来也说"在（zǎi）"，北京城外，例如朝阳、原崇文、原宣武说"跟""挨"的人多，其中说"跟"的多，说"挨"的少。我本人只说"在（zǎi）"。

§2.2 引申用法

待你心里，就没有这个家。

在他眼里，咱们算什么！

在你们几个里，我最喜欢你。

在他手上，攥着不少钱呢。

§3 表示动作、行为、事件发生的时间

在（zài）/（zǎi）：

在早先，这儿是一个大坑。

在白天还不理会儿，晚上可就显出凉来啦。

在小时候儿，我们老上这儿玩儿来。

天也就在一点多钟，爷儿俩动身了。

在这当儿，解外头进来一个人。

§4 表示工具

§4.1 直接工具

使：

使铅笔写。

使掭布擦桌子。

使手打了我一下儿。

使胰子洗手。

拿：

拿手绢儿擦眼泪。

拿盘子吃饭。

拿脚踢我。

拿眼睛瞪我。

用：

用筷子吃饭。

用铅笔答题。

用手堵着耳朵。

这药得用姜汤送下。

表示直接工具时，这三个词使用没区别，老北京人使用"使""拿"更多些。

§4.2 引申用法

拿：由一般工具引申为借以达到某种目的所利用的对象。

他干了坏事，拿我顶缸。

他拿大道理压我。

拿甜言蜜语迷惑人。

没事儿就拿他们这事解闷儿。

"用""使"没有这种用法。

用：用某种方式。

用英文写。

用心思好好儿想想。

用中医治。

用实际的跟他说,说虚的没用。

"拿""使"没有这种用法。

拿/用:以某种东西交换。

用一个小院儿换了两套三居室。

拿他替下你。

"使"没有这种用法。

§5 表示距离

离着/离:

地理上的距离。

我们家离着东直门近,可归朝阳区。

学校离着车站有一里地。

商店离图书馆不远。

走到离幼儿园不远的地方,不走了。

时间上的距离。后面可以是动词词组、小句。

离他毕业还有一年。

离放假还有一礼拜。

离着春节还有一个月。

离饭熟了还有两分钟。

抽象距离。

我的成绩离考上大学还差得远呢。

离您的要求还远着呢。

§6 表示方向

§6.1 朝着某方向

朝着/朝：

你朝着东走。

头朝里躺着。

吓得浑身乱抖，腿肚子朝前。

他朝我直使眼色。

冲着/冲：

他冲着里头一努嘴儿。

冲着大家鞠了一躬。

他冲着我点点手儿。

他冲我直使眼色。

咱们就冲东边儿走。

头冲里躺着。

冲门外嚷嚷。

方向可以具体到目标：

飞起一脚，冲着他心口踢来。

抓起刀来，冲着人就砍。

往：

咱们走错了，赶紧往回走吧。

他赖的地上不走，我这往起拽他。

往右拐。

往屋里让。

§6.2 顺着路线

顺着/顺：

顺着甬路往北是一片芍药园。

顺着城根儿，奔东直门啦。

顺这条路一直往南走。

顺着河往下划。

引申用法：

顺着竿儿爬。

急得顺脑袋流汗。

顺着你的话说。

顺着您的意思干。

§7 表示依靠

指着：

一家人就指着他那份薪水过活。

你也老大不小的了，出去找份工作，别老指着爹妈给钱。

他没法子，现在就指着你给他托人了。

他这病就指着这药有效果了。

靠着/靠：

这冬天儿靠着打点儿鱼，打点儿虾米什么的，卖了生活。

大小吧七八个企业，都靠着谁呢？全都是靠着下放这帮人。

每天都吃药，靠着这个药啊来维持。

我就叫她们俩人呢不能只靠家里，俩人得攒钱。

§8 表示凭借

凭：
就凭这个成绩，什么学校都能上。
就凭那个小嘴儿，怎么能不招人喜欢哪。
凭他这句话，这辈子也甭想当人女婿啦。
就凭您这车，明摆着有钱嘛。

§9 表示按照一般情况、标准、行为准则

按/按着：
要说他犯的罪，按法律真够无期徒刑，甚至死刑。
按家法我是你爸爸，要按国法说，你是县长，我是百姓。
按社会的习惯，这才合乎规矩。
要真按实事一写，得罪的人可就多啦。
按这个情形，这一定是骗您的钱啦。
按月儿给家里一千块。
按着北京的习惯，是女孩儿娇贵。
谁都能按着书上的做呀？
按着人数，每个人都送了礼。
其实要是按着规矩坐，都有地方儿。

§10 表示依照某种状况

照：
照你这们一说，我这问题没法儿解决啦。

照你这们花钱还了得，等不到年底就得让你花没了。

开了一个方子，说是照方吃三剂。

要照这们干，将来都长不出庄稼来了。

照我这体型来说吧，不得胃下垂。

那会儿是婆婆厉害，不照这会儿是的，得瞧媳妇儿脸色。

反正是你得照一暖壶水喝，老说，就渴呀。

目前照我这文化，是归低等里的了。

§11 表示目标

照着：

他回手抄起棍子，照着我哥就打。

他端起盆来，照着我就泼过来。

他照着我心口就是一脚。

照着那人就追下去了。

§12 表示仿照

照着 / 照：

你就照着他学，错不了。

你就照她写的写。

你就照着这鞋样子做。

我照字帖写了三年，才写成这样儿。

§13 表示从某种角度看

据:

他还是个念过书的哪,据我瞧还不及不念书的人呢。

据他说要跟人搭伙做买卖,解那儿走了就没音信啦。

据我看这事儿有点儿不妙。

据我想着这个凶手必然跟他们有仇,要不然不能把他们杀了。

照:

照我看,你还是先服个软儿好。

照他的意思,是不治了,反正也治不好。

§14 表示按照某人的想法

依着/依:

依着他,我们早就搬出去单过了。

依我说,你们俩别犯糊涂啦。

依我的意思,干脆把车卖喽,又不怎么开,当摆设哪。

上次要依着您的主意干就好了。

依我看,那人靠不住。

§15 表示共同做某事

同着:

让你爸爸同着大伙儿在外头吃吧。

让他找领导,他不敢去,我同着他一块儿去了。

小时候儿,我常同着他待这哈儿踢球儿。

你哥哥同着他们听戏去了,我就一个人回家了。

同:

我同你去。

我特意接你来了,同我走吧。

你整天同他一块儿混,能有什么好结果。

跟:

他要不是那天跟你在一块儿,非吃亏不可。

有时候儿跟我老姑哇,或弟弟呀,或母亲呀,去看电影儿。

他刚跟同学走啦。

她跟她妹妹上同一所学校。

和:

我和你一起走。

小时候儿,她老和我一块儿玩儿。

我和你把这花儿种上。

猫和兔子在一个窝里睡。

"同着、同"一般只有老年人说。

§16 在同一事件中,处于不同的方面

跟:

这孩子乱花钱,我说他,他还跟我犟嘴。

我打算跟亲家说说,让你回娘家坐月子来。

我就是不知道怎么办了,才来跟您要主意。

你别怕,不行跟他打官司。

他从小儿就跟爷爷亲。

和：

你媳妇儿过门儿，你也不准和她说。

去了以后，好好儿说，别和人打架。

我和你无冤无仇，干嘛要害你？

你和他较什么劲呢？

§17 一方向另一方传递

给：

我给你打电话。

他给我发了微信。

他给我写了一封信。

我妈给我寄来一件儿大衣。

§18 一方为行为的受益者或受害者

给：

明天想吃什么，我给你做。

给我搬个椅子来。

求人给他介绍了个女朋友。

别空手儿去，给人买点儿东西。

快给我想点儿办法。

给人穿小鞋儿。

给人使坏。

给人挖坑儿。

"给"后的受益者可以省略。

你到时候儿给想个主意呀。

你给熬锅汤送去。

刚才他给送来一千块钱。

你奶奶说,她给做主。

§19 表示代替

替:

我替你打这官司,你也不用给律师费。

这份子钱我替你出。

我替你张罗张罗。

我替你跑一趟。

引申为站在一方的立场上。

你要替他省钱,就买便宜点儿的。

我这是替你着急。

你也替他想想。

真替你高兴。

§20 一方指使另一方做某事(参见"使役句")

让/叫:

让他买菜去。

妈妈不让我看电视。

叫他给你做几个菜。

叫他进来坐吧。

引申义：

1. 致使，使另一方处于某种境况中。

让您担心了。

别让你妈着急。

叫您惦记着。

让他活，他就能活；叫他死，他就得死。

2. 表示活该，处于这种状况中，是自己造成的。

让你说谎！

叫你逃学！

让你那天不来！

叫你背后给人使坏！

用"谁让／叫"也可以表示这个意思，但口气要缓和得多。有一种埋怨的语气。

谁让你那天不来的。

谁叫你不听人劝的。

谁让你非要嫁给他的。

谁让你把存折给他的。

3. 命运使得如此。"谁让／叫"。

谁让你有钱呢。

谁让人家命好呢。

谁叫咱倒霉呢。

谁让那天正好儿碰上他呢。

"让"后的名词可以省略。

不让去。

妈让吃的。

§21 表示被动，大多是遇到不好的事（参见"被动句"）

让 / 叫：

我让他气疯啦。

他偷东西，让人看见啦。

这事要是叫你爸爸知道，非揍你不可。

少数可以是好事。

他让人救上来了。

他的病让大夫治好了。

§22 表示比较（参见"比较句"）

比 /｛匹｝/｛品｝：在同类中比较。

他这手儿比什么都阴。

他比从先胖了不少。

我比他大两岁。

比你妈都高了。

跟 / 和：比较相似度。可以在不同事物中比较，也可用于比喻。

你长得跟你妈真像。

这地儿和他说的差不多。

冻得跟冰棍儿是的。

脸白的和纸一样。

§23 表示目的

介词后可以是动词词组。

为：

你爸爸为你们整天在外头奔命。

他为他媳妇儿到处寻医问药。

为买房跟人借了不少钱。

为找工作，到处求爷爷告奶奶。

§24 表示原因

介词后可以是动词词组。

因为：

公母俩因为这个还拌了几句嘴。

别因为小事耽误大事。

您因为什么气成这样儿？

别因为这事伤了和气。

为：

我们正为这事着急呢。

为这遗产打了两年官司了。

别为这事生气。

为他不上学，他爸爸没少揍他。

§25 表示责任

归：

这事归他管。

这孩子归他爸养活。

饭归他做，我管买菜。

钱归他出，活儿归我干。

§26 表示对象

拿：
你们这是拿我开涮哪。
拿我当冤大头啦。
拿他出气。
拿人不当人。

§27 表示机会

后面可以是动词词组。
趁：
他趁着乱际儿就溜了。
趁人不注意，顺了人一个西瓜。
趁我还明白，得立个遗嘱。
趁刚发薪水，赶紧把钱还喽。

§28 表示除去

除去/除了：
除去亲的热的，就是你了。
除去生活费，每月剩不下什么钱。
除了学校，他也没什么地方可去。
除了英语，他还会法语。

§29 表示在人面前

当着：
当着你，他也不好说什么。
当着大家的面儿，咱们把话说清楚。
别当着人拌嘴。
当着小孩儿，别说脏话。

§30 表示指出焦点（参见"'把'字句"）

把（bǎi）：
把东西给他。
把钥匙放的桌儿上。
把我的心都哭软了。
别把这事告送他。

{给}：
他给车骑走了。

§31 表示在某一方面的影响

于：
这个事要是传出去，于你的名誉可不好。
这点儿钱在别人不算什么，于我可是救命钱。
这们干，于您面上也不好看。
于你而言，这可是个机会。

§32 对某一方面的态度

对:
他对这种事是深恶痛绝。
他对朋友都挺好。
他这个续弦,对长辈尊敬,对孩子也疼爱。
你怎么能对他下手?

§33 从某角度看

在:
这事在您是小事儿,在我就是大事。
在我看,这就是给人穿小鞋儿。
在寻常人家,这就是天大的喜事了。
在他的意思,是不去好。
在他的本心,就想当科学家,不愿意当官儿。
在他不过是虚让让,您就当真了。
在我想着,一来有人做伴儿,省得寂寞,二来也可以省点儿房钱。

§34 表示靠近

挨:
挨门站着。
挨床放着一个床几儿。
挨窗户摆着一个桌子。
我就挨你坐着。

§35 表示凭借对某对象的了解，语气多是蔑视

就：

就您这尊容，当演员怕是没戏啦。

就他，还想上大学。

就老张，肯定不行。

就你这技术，找工作还不是小菜儿。

§36 表示假设

搁：

搁我，决饶不了他。

这事搁早先，早给你办了。

搁我们那儿，这就不叫事儿。

这事儿搁谁身上，谁也受不了。

§37 表示"只有"

就：

就我去。

别人都知道了，就你不知道。

这些东西，就这俩樟木箱子还值点儿钱。

这一片儿，就这饭馆儿好吃。

第十二章

副　词

一般语法书上把副词分为否定副词、范围副词、程度副词、时间副词等等。但同类中的副词用法未必相同,不同类的反倒可能相同。而且,北京话中的副词,很多都是有好几个意思。所以,我们在这一章中只讲多义副词、意思相近副词的区别和北京话中的特有副词。

§1 多义副词

§1.1 都

§1.1.1 表示全部

1. "全部"的范围在"都"的前面。

我们都去。("我们"的全部)

饭我都吃啦。("饭"的全部)

我哪儿都不想去。(表示所有的地方)

我什么都不想吃。(表示所有食物)

2. 在疑问句中,"全部"的范围在"都"后。

你都想去哪儿?(所有你想去的地方)

昨天你都干了什么?(昨天你干的所有事)

这个医院你都认识谁?(这个医院里你认识的所有人)

你都什么时候儿有时间？（你有时间的所有时候儿）

因为在叙述句中"都"前面的疑问词表示"全部"义，为了不引起歧义，表疑问时，就放在后面了。比较：

他什么都想干。

他都想干什么？

§1.1.2 表示已经

有强调"晚""时间过得快""多"的语气，和"了"一起用。

1. 后面有时点词，强调"晚、快"。

都八点了，你怎么还不起？（强调"晚"）

这们一会儿的工夫，都十点啦。（强调"快"）

都10号了，怎么通知书还没收到。

都11月了，还这们热。

2. 句中有表示变化的词语，强调"变化大、快"。

几年不见，都长成大姑娘啦。（强调"快"）

他们家孩子都上小学了。

我小时候儿这儿是一片荒地，现在都成商业中心啦。（强调"变化大"）

都不敢认你了，怎么变得这们漂亮！

3. 后面有数量词，强调"多"。

你都吃三碗了，别吃了。（强调"多"）

都走了三个钟头了，歇会儿吧。（强调时间长）

4. 强调已经进入到一种新的状态中，行为应该有所变化。

人家都走了，你还给谁跪着呢。

饭都凉啦，赶紧吃吧。

他都累得迈不开步啦，歇会儿吧。

天都黑了,怎么不开灯?

5. 强调已经进入到一种新的状态中,但后面的行为达不到通常的标准。

都7岁了,还不会系鞋带儿呢。

都当爸爸了,还跟孩子是的。

都结婚了,一有事儿,还找他妈。

都二十一世纪了,还指腹为婚哪!

6. 强调已经发生过,但是没有产生影响。

都着过一回火了,还不注意。

为这都挨过好几回说了,还不长记性。

我都跟你说了不能去,你怎么还去呀?

他都道过歉了,你还想怎么样?

如果不符合上述情况,则不能用"都"表示"已经"。

※ 我都知道不行。

※ 这事儿我都知道了。("都"表示"全部"的意思时可以)

你吃了吗?——※ 我都吃了。

※ 那地方我都去过。(表"已经"时不行)

§1.1.3 表示甚至

1. "都"前面是一个极端的标准。经常和"连"一起用。

这事连小孩儿都知道。/ 这事小孩儿都知道。

屋里静得连掉根儿针都能听见。/ 屋里静得掉根儿针都能听见。

他太不是东西了,连小孩儿都欺负。/ 他太不是东西了,小孩儿都欺负。

吓得我腿都软了。

2. 表示强调。

我都不知道他是你哥哥。

我都没想到你会这个。

我都觉得你应该去。

我太高兴了，都忘了说谢谢。

§1.1.4 重音

"都"既然可以表示不同的意思，那么如何区分呢？在说话时，是根据重音区分的。例如：

他们都来了。

重音在"都"上，表示"全部"；重音在"他们"上，表示"甚至"；没有重音，表示"已经"。为了不引起歧义，一般使用"全都""连……都"。

他们'都来了。/ 他们全都来了。

'他们都来了。/ 连他们都来了。

他们都来了。/ 他们来了都。

§1.1.5 都是

"都是"表示由于某种原因才导致了后面的结果，有一种埋怨的语气。

都是你磨磨蹭蹭的，才迟到啦。

都是你妈太惯着你啦，才这们不懂事。

都是地上有水，才滑了一个跟头。

都是堵车，才误了火车。

§1.2 就

§1.2.1 前面有表示时间的词，表示"早"

五点就起来了。

天刚蒙蒙亮，就起来了。

他两岁就认识一千个字了。

刚会走路，就会滑雪了。

§1.2.2 前面有时段词，表示"快"

一天就写出来了。

三个月就会说英语了。

饭一会儿就得。

这楼几个月就盖好了。

§1.2.3 前面有表示数量的词语，表示"少"

五块钱就能买一斤。

来两个人就行。

一点儿水就够。

有点儿亮儿就能看见了。

§1.2.4 "就"后有表示数量的词语，根据重音的不同，分别表示"多"或"少"

'一天就喝了一锅粥。（表示喝得多）

一天'就喝了一锅粥。（表示喝得少）

'三天就花了一千。（表示花得多）

三天'就花了一千。（表示花得少）

'他就喝了一锅粥。（表示喝得多）

他'就喝了一碗粥。（表示喝得少）

'他就花了一千。（表示花得多）

他'就花了一千。（表示花得少）

§1.2.5 表示"马上"

饭就得啦。

我就睡。

水就热啦。

他就到。

§1.2.6 表示强调。一般用于感情动词和能愿动词

他就爱挑人毛病。

我就喜欢吃草莓。

我就担心他遇上大雨,回不来。

我就害怕他不同意。

你就得让他知道。

我就不能让你去。

§1.2.7 强调意志。不听别人意见

我就去,怎么着?

我今儿就住这儿了,他还能赶我走!

我就不信邪了,非得做出来不可。

我就不同意,说出大天来也不行。

他就不让我去。

这们多人劝他,就不听。

§1.2.8 强调肯定后面的话

我就住这儿。

他就这们个人,甭理他。

你就来吧,回头我跟他说一声儿。

就先让他在这儿干着。

§1.2.9 表示"就算"

你就有钱,都没地儿买去。

他就有错儿,也轮不到你管。

你就把龙王爷搬来,今儿也下不了雨。

就真的没考上,也不要紧。

§1.2.10 "就"的重音

"我就去"既可以表示"马上",又可以表示意志,在说话时,也是由重音来区别的。重音在"就"上,表示意志,没有重音,表示"马上"。

我'就去。(坚持自己的意见)

我就去。(我马上去)

为了防止歧义,表示"马上"时,一般说"这就"。

我这就去。

我这就给他打电话。

§1.3 才

§1.3.1 前面有表示时间的词,表示"晚"

十点才起。

三岁才会说话。

人都穿单衣裳了,她才脱毛衣。

我到家才想起来,手机落(là)的你们家了。

§1.3.2 前面有表示时段的词语或数量词,表示"慢"

一年才写出来。

一个钟头才走到家。

叫了半天才开。

教了十遍才会。

§1.3.3 表示条件，最低标准

一百万才够。

大学毕业才能报名。

会做饭的才要。

能自拍的才买。

§1.3.4 后面有表示时间的词，表示"早"。如果出现在前面的分句，后面一般有"就"呼应

你怎么这们早起啊，这才五点。

才十月，你就穿大衣啦。

宝宝才八个月，就会叫妈妈啦。

才立冬，就下雪啦。

§1.3.5 后面有表示时段的词语或数量词，表示"快"。如果出现在前面的分句，后面一般有"就"呼应

你都做完啦，才半个钟头。

才三个月，他就会说英语啦。

才跑了五分钟，就累啦。

才看了一遍，就记住啦。

§1.3.6 后面有数量词或表示数量少的词语，表示"少"

才一碗，你吃饱了吗？

至少也得两千块，这才一千八。

才这们点儿钱，够干什么的。

一大家子才住13平方米的房子。

§1.3.7 表示"刚"。时间短

才上大学,就出了交通事故。

我才到,又让我走。

才结婚,丈夫就死了。

我才知道你干的那些事!

§1.3.8 强调和其他人、事物比较后得出的结论。经常和"呢"搭配

你才是笨蛋呢。

我才傻呢。

他才是人才呢。

这车跑得才快呢。

§1.3.9 "才不"表示不可能。经常和"呢"搭配

我才不上当呢。

我才不去呢。

他才不能让你去呢。

这们贵,他才不买呢。

§1.4 还

§1.4.1 表示依然,仍然处于某种状况中

八点啦,你怎么还不起呀?

我还不饿。

你还想上大学吗?

九年啦,你还那样儿,一点儿都没变。

§1.4.2 在比较句中，表示比较（参见"比较句"）

比你妈还高啦。

这车堵得，还不如走着快呢。

§1.4.3 表示刚刚达到心中的标准

看着不怎么样，吃着还行。

他这次考得还不错。

今儿还不算热。

他还算讲理。

§1.4.4 表示有一个极端的参照物

你甭考我，咱博士还不会呢。

兔子急了还咬人呢。

那当儿，白薯叶子还当饭吃呢。

那会儿，自行车儿还算大件儿呢。

§1.4.5 表示没想到

他还真狠得下心来。

你还有脸来。

他还真考上了。

五十岁还生了个大胖小子。

§1.4.6 表示强调

我还不想去呢。

您还有钱呢，没钱的更没办法啦。

还真有点儿想他了。

我还真是有点儿累啦。

§1.4.7 表示另外

我上趟超市,还上趟邮局。

你哥去就行啦,干嘛还饶上你?

这是你这月的生活费,你奶奶还给了你零花儿钱。

我还有事儿,回头再聊。

§1.4.8 表示反复,再次

我明儿还去。

他要还找你麻烦,告送我。

后来还来了两回。

吃白食吃上瘾啦,以后还得来。

§1.4.9 表示进一步

你还蹬鼻子上脸啦。

不是答应你了吗?你还想怎么样?

这种人就是贪得无厌,给他一百,还想要一千。

他想求您给他找个工作,还得是好工作。

§1.4.10 "还不/没"在疑问句中,表示反问

你还不追?＝你快去追。

还不赶紧上医院?＝赶紧上医院。

还不快想办法?＝快想办法。

还没去?＝应该去了。

§2 意思相近的副词比较

§2.1 不、没

§2.1.1 不/没+形容词

1. 不+形容词

无论过去、现在、将来，形容词都用"不"来否定。（参见"时态"）

昨天不冷。

现在不冷。

明天不冷。

2. 没+形容词

在"时态"一章里，我们说过，"形容词+了"表示变化，否定这种变化时，用"没"，经常用于回答别人的问话或否定别人的说法。

香山的红叶红了。——没红。我昨天去了。

他脚肿了吗？——没肿。我还特意瞧了。

在这种情况下，也可以用"没有"来回答。

香山的红叶红了。——没有。我昨天去了。

他脚肿了吗？——没有。我还特意瞧了。

如果是说明还没发生的情况，用"还没"的时候更多，但也可以用"还不"表达。

天还没亮。/ 天还不亮。

水还没热。/ 水还不热。

§2.1.2 不/没+动词

1. 不+动词

（1）"不"用来否定一般的情况，无论现在、过去和将来。

我不怎么上动物园去。

我小时候儿不怎么上动物园去。

我明天不上动物园去。

这儿冬天也不下雪。

（2）"不"表示否定意志，无论现在、过去和将来。

他不理我。

他昨天一直不理我。

我以后不理他了。

2. 没＋动词

"没"是对事实的否定。还没发生的事情就还没成为事实，所以"没"不能否定将来的情况。

昨天我没去。

※ 明天我没去。

§2.1.3 "不"和"没"的区别

他昨天不去上课。（他故意不去）

他昨天没去上课。（"没去"是事实，但原因可能是故意的，也可能是因为生病、有事等等）

因为说事实更加客观，而且在很多情况下，我们不知道或不愿意说出是故意不做某事的，所以，一般过去的事情用"没"否定，只有在强调意志的情况下，才用"不"。

他的婚礼你去了吗？——我才不去呢。

昨儿他跟你借钱去啦？——是，磨烦了半天，我就不借。借了多少回啦，一回都没还过。

§2.1.4 "不"的单说

"不"一般不能单说，后面必须要带上形容词和动词。

今儿冷吗？——不冷。

你去吗？——不去。

今儿冷吗？——※不。

你去吗？——※不。

只有表示强烈的反抗意志时，才单说"不"。通常只是孩子用。

乖，听话。——不！

别看电视，——不！

别老吃冰激凌。——不！就吃。

下礼拜天，我带你上动物园去。——不！这礼拜就去。

§2.2 别、甭

§2.2.1 别

中心意思是不要发生某种情况。

1. 表示劝阻，多用在祈使句中。

你别去。

别生气。

别跟他说我不让你去。

你别人五人六儿地待我眼前晃荡。

他可别去。(不能让他去)

2. 在非祈使句中，表示不要致使某种情况出现，通常句尾有"了"。

这房子可得好好修修，别塌了。

趁热吃吧，别凉了。

天儿热，别坏啦。

你看住他，别跑喽。

3. 在非祈使句中，表示不需要，通常句尾有"了"。

你们人够了，我就别去了。

你说管事儿,我就别说了。

旁边儿没人,出了事儿也没人知道,我也别冒险了。

活儿都干完了,他别来了。

4. 表示担心,不希望出现某种情况。

别(是)要下雨吧?

别出事啦?

他别让人骗喽。

你留神,别摔跟头。

§2.2.2 甭

1. 表示劝阻,多用在祈使句中。

您甭去。

甭管他们。

甭理他。

您甭花钱。

2. 在非祈使句中,表示不需要。

您知道该怎么办,我就甭多嘴啦。

他甭去啦。

我就甭待这儿碍事啦。

他上食堂买去了,咱就甭做饭啦。

§2.2.3 "别"和"甭"的区别

1. "甭"没有表示担心的用法。

※ 甭出事了吧?

※ 甭是要下雨吧?

2. "甭"有"用不着"的意思,所以不是出于自己意志的动作、行为不能用"甭"否定。

别生病。

※ 甭生病。

别摔跟头。

※ 甭摔跟头。

别没钱。

※ 甭没钱。

3. "甭"没有表示不要致使某种情况出现的用法。

※ 趁热吃吧，甭凉啦。

※ 歇会儿吧，甭累啦。

表 12.1 "别"和"甭"的区别

用　法	别	甭
劝阻	+	+
不需要（非祈使句）	+	+
担心	+	−
否定意志	+	−
致使某种情况出现	+	−

§2.3 就、光、单、净

"就、光、单、净"都可以表示排除。

昨儿我什么都没干，就看电视了。

昨儿我什么都没干，光看电视了。

昨儿我什么都没干，净看电视了。

别的不说，单说这件事儿。

别的不说，就说这件事儿。

别的不说，光说这件事儿。

他们的区别在于：

1．"就、光"，表示数量少。"单、净"不行。

我就有 5 块钱。 我就有 20 分钟。

我光有 5 块钱。 我光有 20 分钟。

※ 我净有 5 块钱。 ※ 我净有 20 分钟。

※ 我单有 5 块钱。 ※ 我单有 20 分钟。

2．"净"只是表示"多"，并不是百分之百地排除，所以后面不能跟数量词，也不能是特指。

这饭里净是沙子。

大街上净是警察。

他整天净看电视。

他净招他爸爸生气。

※ 这饭里就 / 光 / 单是沙子。

※ 净我一个人去。

※ 他没儿子，净有两个女花儿。

※ 别人吃了都没事儿，净他拉肚子了。

3．"净"表事实，所以不能用于意志和未来（假设句除外）。

※ 明儿我什么都不干，净看电视。

※ 回头见着他，我净说高兴的事儿。

4．"光、就、单"都可以表示"只有"。

他没儿子，光有两个女花儿。

他没儿子，就有两个女花儿。

他没儿子，单有两个女花儿。

就我一个人去。

光我一个人去。

单我一个人去。

"单"还可以表示"唯独",一般用于不满的情况,"光、就"不行。

你怎么单挑这个时候来?

※ 你怎么光挑这个时候来?

※ 你怎么就挑这个时候来?

5. "光"可以表示对比,"就、单、净"不行。

她光好看了,一点儿事儿也不懂。

※ 她就好看了,一点儿事儿也不懂。

※ 她单好看了,一点儿事儿也不懂。

※ 她净好看了,一点儿事儿也不懂。

光说不练。

※ 就说不练。

※ 单说不练。

※ 净说不练。

6. "就、光"可以用于祈使句的肯定式,"净、单"不行。"净、光、单"可以用于祈使句的否定式,"就"不行。

你去以后,就哭,别说话。

你去以后,光哭,别说话。

※ 你去以后,净哭,别说话。

※ 你去以后,单哭,别说话。

别光喝酒,吃菜呀。

别净喝酒,吃菜呀。

别单喝酒,吃菜呀。

※ 别就喝酒,吃菜呀。

表 12.2 "就、光、单、净"的区别

用　法	就	光	单	净
表排除	+	+	+	+
后面跟数量词	+	+	+	−
表示少	+	+	−	−
不是百分之百	−	−	−	+
用于未来	+	+	+	−
用于祈使句（肯定句）	+	+	−	−
用于祈使句（否定句）	−	+	+	+
表示只有	+	+	+	−
表示唯独	−	−	+	−
表示对比	−	+	−	−

§2.4 全、都

"全、都"都表示全部。在北京话中，它们的功能几乎是一样的。老人用"全"比"都"多，年轻人正相反。

　　他们全来啦。/ 他们都来啦。

　　他什么全吃。/ 他什么都吃。

　　他每道菜全尝了尝。/ 他每道菜都尝了尝。

　　你说的我全听不动懂。/ 你说的我都听不懂。

　　唯一不同的地方是，"全"可以用于强烈的否定。例如：

　　他全没半点儿夫妻的情义。

　　他全不管别人的生死。

　　而如果用"都"，只能是"一点儿都不/没……"。

　　他一点儿都不管别人的生死。

他一点儿都没有夫妻的情分。

§2.5 许、也许、横、横是、横许、管么

"许、也许、横、横是、横许、管么"都表示可能,细分之下,还可以分为三组。

§2.5.1 许、也许

"许、也许"都表示可能性是有的,但也不排除不可能。"许、也许"意思一样,功能一样,可以互换,老北京人更常说"许"。

中秋节那天,许/也许下雨。

他许/也许忘了。

明儿我许/也许不来。

许/也许是路上堵车吧。

§2.5.2 横、横是、横许

"横、横是、横许"表示可能性很大。

明儿我横不来。

横是路上堵车吧。

明年这时候儿,您横许抱上孙子啦。

往后她横得管着你。

区别在于,"横是"不能表示意志。

明儿我横不来。

明儿我横许不来。

※ 明儿我横是不来。

§2.5.3 管么

"管么"是根据已有的情况推断出的结果。

瞧这天儿，管么这雨小不了。

都九点了，管么他不来啦。

看长相儿，他管么有三十了。

这菜搁两天了，管么坏啦。

所以，"管么"不能表示意志，也不能没有证据地乱猜测。

※ 明儿我管么不去。

※ 中秋节那天，管么下雨。

※ 他明儿管么生病。

§2.5.4 "许、也许、横、横是、横许、管么"的分布不同

"许、横"只能出现在施事后，"也许、横许、横是、管么"既可以出现在施事前，也可以出现在施事后。

今儿他许不来。 ※ 今儿许他不来。（如果"许"是"允许"的意思，则可以）

今儿他横不来。 ※ 今儿横他不来。

今儿他也许不来。 今儿也许他不来。

今儿他横是不来。 今儿横是他不来。

今儿他横许不来。 今儿横许他不来。

今儿他管么不来。 今儿管么他不来。

§2.6 更、还、都

"更、还、都"都可以在比较句中的形容词前出现，表示更进一步。

他比他爸爸更坏。

他比他爸爸还坏。

他比是人都坏。

区别在于：

1. "更"比较的对象可以不出现，但"还、都"的比较对象一定要出现。"都"的比较对象一般是复数。

你尝尝，这个比那个更好吃。

你尝尝，这个比那个还好吃。

你尝尝，这个比那些都好吃。

你尝尝，这个更好吃。

※ 你尝尝，这个还好吃。

※ 你尝尝，这个都好吃。

2. "更"可以用在表示好恶等感情的动词前出现，"还、都"不行。

我更喜欢吃辣的。

※ 我还喜欢吃辣的。

※ 我都喜欢吃辣的。

这是因为，"更"只有比较的意思，而"还、都"还有其他意思，例如上面的两个例句。

你尝尝，这个还好吃。（"还"表示刚刚够期待的意思）

我还喜欢吃辣的。（"还"表示另外的意思）

我都喜欢吃辣的了。（"都"表示甚至的意思）

3. "更"只能在同类中比较，而"还、都"可以在不同类中比较。所以，"还、都"可以用于比喻句，"更"不行。

他比他哥哥更高。

他比他哥哥还高。

他比他哥哥都高。

他比书法家写得还好。

他比书法家写得都好。

※ 他比书法家写得更好。

他比猴儿都精。

他比猴儿还精。

※ 他比猴儿更精。

4. "都"有"甚至"的意思,对照对象通常是极端的,所以,在一般比较时,很少用"都",但在讽刺时,经常用。

你本事比孙悟空都大。

你比奥运会冠军跑得都快。

表 12.3 "更、还、都"的区别

用　　法	更	还	都
比较对象不出现	+	-	-
同类比较	+	+	(+)
不同类比较	-	+	+
比喻	-	+	+
讽刺	-	(+)	+

§2.7 太、忒(tēi/tuī)、恨(hèn)、齁儿

"太、忒、恨、齁儿"都表示过分,区别在于:

1. "恨"只用于假设句和否定句。

恨远了,我就不去了。

恨晚,就别去了。

那超市离车站不恨远。

这会儿还不恨晚。

2."太"既可以表示褒义，也可以表示贬义，"怂、夠儿"只表示贬义。

太好吃啦。

※ 怂好吃了。

※ 夠儿好吃了。

太难吃啦。

怂难吃啦。

夠儿难吃啦。

3."太、怂"可以用于否定句，"夠儿"不行。

少放点儿辣椒，别太辣了。

少放点儿辣椒，别怂辣了。

※ 少放点儿辣椒，别夠儿辣了。

4."太、怂"可以用于假设句，"夠儿"不行。

太辣，我就不吃了。

怂辣，我就不吃了。

※ 夠儿辣，我就不吃了。

5."夠儿"带有一种不太喜欢的语气，而"太、怂"只是客观的陈述。

这菜太甜啦。

这菜怂甜啦。

这菜夠儿甜。

因为"夠儿"带有一种不喜欢的语气，而不喜欢一般只是对已有的事物才会出现的情感，还没出现的事物就谈不上有什么好恶，所以，"夠儿"不能出现在假设句和否定句中。

表 12.4 "太、忒、恨、齁儿"的区别

用　法	太	忒	恨	齁儿
出现在假设句	+	+	+	-
出现在否定句	+	+	+	-
褒义	+	-	-	-
贬义	+	+	+	+
不太喜欢	-	-	-	+
出现在一般叙述句	+	+	-	+

§2.8 特、特别、倍儿（bèir）、真

"特、特别、倍儿、真"都表示程度深，不同点在于语气不同。"特、特别"是一般的陈述，"倍儿"带有一种轻松的口气，一般只是孩子和年轻人说，老年人不说。"特别"和"特"比起来，有一种比较庄重的语气。"真"只能说自己的感觉，不能说他人的。

我今儿特别高兴。

我今儿特高兴。

我今儿倍儿高兴。

我今儿真高兴。

我真渴。

她真可爱。＝我觉得她真可爱。

※ 他真渴。（"真假"的"真"可以说，"他真渴，不是假渴。"）

※ 你真渴。（"真假"的"真"可以说，"你真渴呀？"）

§2.9 可、多

"可、多"都表示一种夸张的语气。区别在于：

1."可"一般和"了、呢"一起用，"多"后面可以不带语气词，

如果有的话，是"啊、哪、呀"。

这西瓜可甜呢。

这车可贵了。

人家那孩子多争气。

你看天多蓝哪。

2."可"带有一种天真的语气，所以一般是孩子说。

我哥哥可棒啦。

他英语说得可溜呢。

3."可"所表达的情况经常是听话人不知道的，而"多"表达的情况是说话人认为听话人知道的。

无花果可好吃了。（说话人认为听话人没吃过无花果）

我们这儿可热啦。（说话人认为听话人不知道这个情况）

你看这花儿多好看哪。（说话人和听话人共同经历）

那天多悬哪。（说话人和听话人共同经历）

如果说话人认为听话人不知道而用"多"，只是为了引起听话人的注意。

你说这事儿多悬，要不是我躲得快，就撞上了。

你看他多惨，要媳妇儿没媳妇儿，要工作没工作，整天就为钱发愁。

§2.10 挺、很、胡、怪、齁儿

这组词表示程度一般（"齁儿"既可以表示过分，也可以表示程度一般），区别在于语气不同。

"很"一般只是男性在比较注意说话语气时使用，例如和同事、朋友、街坊说话时，而女性一般不用。"挺"是用得最多的，"齁儿"有抱怨的语气，"胡"有嫌恶的语气，"怪"有一种轻松愉快的语气，即使谈论的是不好的事情，用了"怪"，也显得说话人心情不是太坏。例如：

带个孩子齁儿累人。

带个孩子怪累人的。

※ 带个孩子胡累人。

因为"带孩子"还是高兴的事，"累人"只是抱怨，不是嫌恶。

这鞋胡臭的，搁外头去。

这鞋齁儿臭的，搁外头去。

这鞋怪臭的，搁外头吧。

这三句话都可以说，但感情不一样。北京话为什么要有这么多表程度的副词呢？因为大多程度副词都带有另外的意义，或特有的感情色彩，或表示主观、客观，或表示说话时的心情。丰富的程度副词给北京话增色不少，有时，说话人的喜怒哀乐就藏在这众多的程度副词当中了。

§3 北京话中的特有副词

保不齐：没准儿。你别看他表面对你好，保不齐背后就捅你刀子呢。

备不住（bèibuzhù）：没准儿。备不住是瞒着温太太呢。

变着法儿（biànzhefār）：想尽办法。变着法儿给她做好吃的。

常会儿：经常。他那当儿常会儿来。

抽不冷子：意想不到的，突然。表面儿上跟你长啊短啊的，抽不冷子背地里给你这们一下子。

从新（cóngxīn）：重新。你再从新说一遍。

得亏（děikuī）：幸亏。得亏你那天没来，要不然也得让人骗了。

第根儿（dìgēnr）：本来。这蚕是它第根儿就弱，要不叽，它怎么已个儿蜕不下来皮呢？

管么（guánme）：表推测。大概。管么跟我差不多岁数儿，瞅着跟三十多的是的。他管么不来了。

哈巴（hǎba）：因大腿有伤或裤子湿，腿不能并拢。他骑马，把腿磨破啦，哈巴着走。

好么烟儿（hǎomeyānr）：好端端。你说我倒霉不倒霉？好么烟儿的让他骂了一顿。

横：可能。他今儿横不来了。

横是：可能。他今儿横是不来了。

横许：也许。他今儿横许来。

回头：①如果不这样。想哭就让她哭，回头憋的心里再憋出病来。②以后。你回头再来。

将将：刚到标准。这布也就将将五尺。

紧自（jǐnzi）：一个劲儿地。别紧自催，他也着急。

就手儿：顺便。回头你去超市，就手儿给我带瓶儿水来。

可是：的确。确实。（重音在"是"）这话可是你说的，你别忘了。

猛不丁儿：突然。说着说着，说急啦。猛不丁儿的，扬手给人一嘴巴。

蓦头：转身。他蓦头就跑。

上赶着：主动巴结。我本来没瞧上他，是他上赶着追的我。

捎带手儿：顺便。就这们两件儿衣裳，我捎带手儿就给你洗了。

虚微：稍微。脑门儿虚微有点儿热。

第十三章

助　词

助词有两种：

1. 结构助词，在句子中起到连接两个词或词组的作用。

2. 时态助词，指明动作行为发生的时间、过程、是否静态以及和现在的联系等等。

§1 结构助词

de：发音为"de"的助词是北京话中使用最广泛的结构助词。根据现在普通话标准，分别由三个汉字"的""地""得"来承担它的不同功能。但在早期北京话著作中，经常都写作"的"。事实上，现在也有很多人分不清它们的用途，电视字幕中用错的比比皆是。如果我们把它看成是一个助词的不同用法，就可以都写为"的"，如果我们把它们看成是不同的助词，就最好分别写成"的""地""得"。这两种方法各有利弊，我们在此不做讨论。

§1.1 地

跟在副词或形容词性词组后，连接修饰语和被修饰语。被修饰语通常是动词、形容词。和普通话比起来，北京话修饰语后跟"地"的比例要高得多。

你看都几点了？赶紧地走吧。

他简直地就不是人。

他一直地找你呢。

酽酽儿地沏上一壶茶。

痛痛快快地哭了一场。

他三天两头儿地找我茬儿，当我是好欺负的。

整天地晃来晃去，屁事不干。

单音节修饰语后不能加"地"。例如不能说：

※ 快地走。

※ 好地看。

双音节形容词很少能修饰动词，当然就用不着用"地"连接了。像普通话中"高兴地说""生气地走了"在北京话中通常说成"笑呵呵地说""气哼哼地走了"。

§1.2 的

§1.2.1 和"地"一样，跟在副词、形容词重叠式或形容词性词组后，但后面没有被修饰语或被修饰语不出现

你走吧，赶紧的。

看你冻的，上炕去，麻利儿的。

你几天没洗澡了？酸臭酸臭的。

他一进门儿，吓我一跳，胡子拉撒的，大眼儿灯，精瘦精瘦的。

§1.2.2 跟在形容词、动词、名词词组后，连接修饰语与被修饰语，被修饰语是名词性的

1. 形容词词组后

原来挺好的孩子，怎么成这样儿了。

不高兴的事儿就别想。

小伙子精神，浓眉毛，大大的眼睛。

你把这抹的痒痒的地方儿。（意思是"你把这个抹到痒痒的地方"。)

单音节形容词一般不加"的",只有特别强调时才加。

烂苹果都扔了吧。

※ 烂的苹果都扔了吧。

烂的东西都挑出来,扔了。

2. 动词词组后

刚买的新车,就让他撞坏了。

我妈做的饭就是好吃。

非磨着让我给他买的手表,两天就丢了。

才洗干净的衣裳又弄脏了。

3. 名词词组后,可以分为六种。

(1)表示所属

这是我妈的衣裳。

学校的门坏了。

图书馆的书都贴着标签儿。

二中的人跟我来。

(2)表示性质

塑料的桌子怕烫。

红漆大门的房子就一所儿。

尼龙的衣裳穿着不舒服。

铁把儿的锅烫手。

(3)表示住在某处

三条的二舅没来。

上海的同学明天到。

西城的朋友没来。

天津的亲戚也来了。

（4）跟在处所词后，表示处所

西单的商店多。

桌儿上的钥匙哪儿去了？

黑板上的字别擦。

你把书包里的东西拿出来。

（5）表示在什么时间

我小学的朋友差不多都没联系了。

下午的会不开了。

昨儿的事你没告送他吧？

今天的报纸你看了吗？

（6）表示扮演充当的角色

梅兰芳的杜丽娘，俞振飞的柳梦梅。

马连良的诸葛亮。

他们结婚，还是我的媒人。（我当的媒人）

我们结婚，市长的主婚人，我姨夫的证婚人。

§1.2.3 跟在形容词、名词、动词词组后，但后面没有被修饰语，也可以理解为被修饰语被省略了（参见"名词词组"）

拿把快的。

孩子是自个儿的好。

这是我的。

饺子是刚出锅儿的。

§1.2.4 跟在动词后，后面是处所词，表示动作、行为完成后，动作的施事或受事到达一个新处所

走的学校得半个钟头。

把书扔的满世界都是。

你怎么打的街坊那儿了?

人还没送的医院,就没气儿了。

引申为抽象的处所。

看的眼里,记的心上。

听的耳朵里。

如果处所强调目的地是指定的,"的"可以省略。

你把信寄的他那儿吧。/ 你把信寄他那儿吧。

钥匙搁的抽屉里。/ 钥匙搁抽屉里。

§1.2.5 跟在动词性词组后,表示动作完成以后再干某事。经常和"等"一起用

等我做完饭的。(等我做完饭以后)

我吃了饭的。(我吃了饭以后)

咱买菜去吧。——等我头干了的。(等我头发干了以后)

妈,给我买辆车吧。——等你工作的。(等你工作以后)

§1.2.6 跟在列举的词后,表示"等等"

猪啊羊啊的,都往这儿送。

唱啊跳啊的,这份儿高兴。

裙子袜子的,扔了一床。

鼻涕眼泪的,蹭了我一身。

§1.2.7 跟在名词词组、动词词组、形容词词组后,表示"在这种情况下"

大白天的,拉什么窗帘儿!

姑娘家家的,满嘴里说的什么!

我一把屎一把尿的,把你拉扯这们大。

大呼小叫的，像什么样子。

东西城的，大老远让您跑一趟。（从东城到西城或从西城到东城）

楼上楼下的，这一通跑。

大老远的，你就别去了。

七老八十的，还惦记人家姑娘。

§1.2.8 在动词词组后，表示"是"。可以和"是"一起用，但通常不说"是"

你成心的。/你是成心的。

他骗你的。/他是骗你的。

我逗你玩儿的。/我是逗你玩儿的。

你吃饱了撑的。/你是吃饱了撑的。

§1.3 得

§1.3.1 出现在动词和结果之间，表示可能

这门脏，洗得干净吗？

这们点儿钱，拿得出手吗？

他饭量儿大着呢，这一锅饭都吃得了。

拿得出手的东西就剩这匹缎子了。

§1.3.2 出现在动词、形容词和动词性词组之间，表示达到了一种状态，通常都是形容程度高

1. 形容词后。形容词一般可以进行比较，有比较就有程度深浅，所以形容词一般都可以出现在这类句子的前面。

气得他说不出话来。

臭得能熏人一个跟头。

疼得眼泪都下来了。

胖得都走不动道儿了。

2.动词后。动词很受限制，多在形容这种行为动作引起的结果时使用。

吃得满嘴流油。

走得脚都起泡了。

跑得上气不接下气。

说得天花乱坠，连我都信了。

§1.4 着

§1.4.1 连接两个动词性或形容词性词组

1.表示以某种方式进行动作、行为。

我走着去。

用筷子夹着吃。

倒着看。

笑着说。

扎着疼。

"着"前偶尔不是动词，但仍是表示方式。

哈巴着走。

乍乍着走。

2.表示通过某种行为、动作而得到的结论。

看着不好看，吃着还行。

走着太累了。

闻着挺香的。

听着像是昆曲。

§1.4.2 着～呢

带有"着～呢"的分句说明某种动作、行为正在持续中，后一分句说由于这种动作、行为的持续而影响了另一动作、行为的进行。

A：来电话了，你接一下儿。

B：我做着饭呢，怎么接呀？（由于正在做饭，所以不能接电话）

下着大雨呢，你就别去了。（由于下大雨，所以别去了）

刮着大风呢，你别骑车了，坐车去吧。（由于刮大风，所以改坐车去）

如果不影响另一动作的进行，就不能用这种句子。例如：

※刮着大风呢，你别坐车去了。（刮大风，并不影响坐车去）

有时，后一分句可以不说，但听话人已能明白说话人的言外之意了。例如：

A：我饿了，做饭吧。

B：我给孩子喂着奶呢。（言外之意：现在不能做饭）

A：你买点儿水果去。

B：下着大雨呢。（言外之意：现在不能去）

A：也不知道他在家不在家。

B：看，亮着灯呢。（言外之意：他在家）

这种句子中的"着"不表示进行，它的作用是要钩住另一个句子。如果只表示进行，则用"呢"来表示。

现在外边下大雨呢。（仅仅报告一个事实）

有时虽然从形式上看是单句，但从意思上看，主要是说明"在这种情况下，我不能再做某事"。

我做着饭呢。（不能离开）

火上坐着锅呢。（不能离开）

家里躺着病人呢。（不能离开）

她看着孩子呢。（不能离开）

使用这种"着"，有一种不耐烦的语气，所以使用的范围相当有限，一般只在夫妻、兄弟姐妹这种亲近的平辈之间使用，如果对长辈或客人使用，则很失礼。

§1.4.3 前一分句是祈使句，后一分句是说话人或和说话人关系比较近的人打算干什么

您坐着，我上班去。

您坐着，他接孩子去。（这里的"他"，必定是说话人的家人）

大伙儿吃着，喝着，我说两句。

您先忙着，我待会儿再来。

虽然这个"着"表示祈使语气，但是这里的祈使句和一般的祈使句不同，它不能独立存在，后面必须要有话，如上面的句子。整个句子的意思是：您干您的，请原谅我不陪着您，或请原谅我打搅您，或我不打搅您了。是一种敬语的形式。有时候后一分句不说，但也包含了上述的意思。例如，饭馆儿里的伙计经常说：

您吃着。

这里面就包含着"请原谅我不能老在这儿伺候您"的意思。如果把它单纯理解为祈使句，就解释不通了。因为像"您吃"这种祈使句，一般只有请客的人才说，饭馆儿的伙计是无权说的。

事实上，能在这种句式中出现的动词是相当有限的，表现工作、劳动的动词一般不出现。例如我们不说：

※ 您洗着，我走了。

这时候，一般都说"忙着"：

您忙着，我走了。

"吃饭"不是工作，不能用"忙着"，但是被打搅也不好，所以用"您吃着"。如果看到对方正在玩儿，一般就不用这种句式了。例如：

您玩儿您的，我上班去了。

这句话暗含的意思是：请不要对您的失礼感到内疚。因为见到主人要去上班，客人应该起身客套。

§1.4.4 前一分句是"先 V 着"，意思是"暂时这样"

这几斤面，您先吃着，我再想办法。

这工作，你先干着，找到好工作再换。

这钱您先用着，不用着急还。

这书我先看着，买着新的就还你。

有时，后一分句也可以不说，但意思已经是不言而喻了。

这钱您先用着吧。

§1.4.5 前一分句指某人的一种行为，后一分句指在某人的这种行为的影响下，另一个人发生了什么变化或得到了什么好处

大伙儿帮着，我才把这小厨房盖起来。

大伙儿劝着，他的气才慢慢消了。

如果使用"这们……，都不/还……"句式，意思是：应该发生某种变化，但实际上没发生。

这们说着，他都不改。

这们哄着，她还哭。

§2 时态助词

§2.1 了

可以在两个位置出现：动词后和句末。（参见"时态"）

§2.1.1 出现在句末，有两种情况

1. 表示进入了一种新情况，可以用于现在、过去和将来。

明天开始热了。

他去年结婚了。

秋天了。

他十八岁了。

2. 动作、行为已经完成，但还一直处在动作、行为完成后的状态中。

昨天我看见老王了。

牛奶我放的冰箱里了。

天亮了。

我吃饱了。

§2.1.2 出现在动词后，有三种情况

1. 句中有两个动词，"了"表示完成一个动作、行为后，再进行另一个动作、行为。

吃了再走吧。

下了课就回家。

进了门先洗手。

戴了口罩儿再出门。

2. "了"后跟数量词，表示整个行为完成。

我买了一个笔记本儿电脑。

我看了三本儿小说儿。

他吃了三碗饭。

他们聊了一夜天儿。

3. 和句末"了"一起，表示动作、行为完成。

我吃了饭了。

我买了菜了。

我锁了门了。

他做了功课了。

§2.2 过
跟在动词后，表示曾经发生过。

这本儿书我看过。

我学过两年书法。

他结过婚。

我吃过生鱼片儿。

§2.3 的
跟在动词后，表示完成，并且焦点在受事。（参见"疑问句"）

这裙子谁买的？

我妈给我买的。

在哪儿买的？

在西单买的。

多少钱买的？

两千买的。

§2.4 呢
出现在句末，表示正在进行，可以用于现在、过去。

我做饭呢。

他们现在上课呢。

他那会儿上班呢。

那咱我正怀着你妈呢。

用于将来很受限制，必须要加上"这时候儿、这会儿"等词语才行，表示时间移动到当时。

我明天这时候儿上课呢。

§2.5 "了"和"过"的区别

1. "了"和"过"都可以表示某种行为、动作已经发生过。区别在于，"过"表示曾经发生过，现在已经不处于那种状态中。"了"表示已经发生了，并仍然处于这种状态中。例如：

他结过婚。（现在不处于结婚的状态中）

他结了婚了。（现在处于结婚的状态中）

他结婚了。（现在处于结婚的状态中）

我喝过豆汁儿，真不好喝。

我喝了水，现在不渴了。

2. "过"不能出现在"把"字句中。

※ 我把水喝过。

※ 我把衣裳洗干净过。

※ 我把车停的那儿过。

※ 他把我当成学生过。

※ 他把人家揍过。

§3 静态助词：着

§3.1 跟在静态动词后，表示动作是静止的

1. 处所/施事+动词+数量+名词

桌儿上放着一本儿书。

门口儿站着好多人。

她穿着一条红裙子。

他拿着两本儿书。

这种句式一般要有数量词,如果没有数量词,则不能结句。

※ 桌儿上放着书。

※ 他拿着书。

2. 施事/受事+动词(+呢)

在"动词词组"一章中,我们按照意义把动词分为十类。在动词表示静态的时候,必须要加"着"。

门开着。/门开着呢。

您坐着,我站着就行。

别老躺着。

灯关着。/灯关着呢。

3. 动词+着+点儿

一般用于命令、请求或想要干的事情。

你忍着点儿。

您想着点儿。

我瞧着点儿。

让他盯着点儿。

§3.2 形容词+着

1. 形容词+着+数量词

其中的"着"可以省略。

矮:矮着两厘米。　　　矮两厘米。

长:长着一尺。　　　　长一尺。

沉:沉着两斤。　　　　沉两斤。

大:大着一岁。　　　　大一岁。

低:低着两寸。　　　　低两寸。

短：短着一寸。	短一寸。
多：多着一个人。	多一个人。
高：高着两厘米。	高两厘米。
近：近着一里地。	近一里地。
轻：轻着两斤。	轻两斤。
少：少着两个人。	少两个人。
小：小着一岁。	小一岁。
远：远着二里地。	远二里地。

2. 形容词＋着＋点儿

其中的"着"可以省略。一般用于命令、请求或想要干的事情。

挖深着点儿。	挖深点儿。
我想要浅着点儿的。	我想要浅点儿的。
小心着点儿。	小心点儿。
走快着点儿。	走快点儿。

§4 语气助词

§4.1 给

这里所说的"给"只能出现在动词前，表示强调的意思。因为介词后必须要带名词，语气词又位于句末，所以我们把它归到助词里。

1. 受事＋施事＋给＋动词词组

你那破书包我给扔了。

自行车儿他给骑走了。

电视他给修好了。

他的头疼给治好了。

2. 出现在被动句中。受事＋让＋施事＋给＋动词词组

你那破书包让我给扔了。

自行车儿让他给骑走了。

他那头疼让大夫三扎两扎，给治好了。

他让人给打了。

3. 施事＋把＋受事＋给＋动词词组

他把自行车给骑走了。

我把钱包儿给丢了。

他把人房子给拆了。

他把人给打了。

以上三种句子，不用"给"，意思一样。只是用了"给"，更强调这种行为对某人产生了什么影响。

§4.2 来着

1. 表示曾经知道，现在忘了。

你叫什么来着？瞧我这脑子。

我把钥匙放哪儿来着。

他生日是哪天来着？

这柜子是多儿钱买的来着？

2. 表示质问、解释，不能用于未来。

你干什么来着？这一身泥。——我和泥来着。

你说什么来着？他怎么气成那样儿。

他怎么知道了？——我跟他说来着。

昨儿下大雨来着，这河里的水都满了。

§5 其他助词

因为分不出类，所以叫其他助词。

1. 伍的 [什么的]

代替要列举的词。

阳台上别晾裤衩、裰子伍的，让人瞧着不雅。

我给你编了个网兜儿，装个东西伍的，方便。

他现在唱歌儿伍的都会了。

他现在认了不少字，写个信、记个账伍的，都行了。

2. 跟 / 和 / 像 / 照……是的

（1）和某事物相似

他可不跟 / 和 / 像 / 照你是的，拿真心对人。

现在可不跟 / 和 / 像 / 照原先是的，左邻右舍都认识。

现在可不跟 / 和 / 像 / 照咱小时候儿是的，放学时自己排队回家。

这东西可不跟 / 和 / 像 / 照广告说的是的那么好。

（2）跟 / 和 / 像……是的

用于比喻。"照……是的"不能用于比喻。

花他点儿钱，跟 / 和 / 像剜了他的心是的。

听说要调他走，跟 / 和 / 像疯了是的跟我嚷嚷。

你怎么啦？脸白得跟 / 和 / 像纸是的。

他烧得跟 / 和 / 像火炭似的。

第十四章

量　词

量词是表示事物、动作的单位时使用的词。表示事物的量词叫名量词，表示动作的量词叫动量词。

§1 名量词

§1.1 固定名量词（带 * 号的是可以使用两种或两种以上量词的）

个：北京话中使用最多的量词，几乎所有成立方体或抽象的东西都可以用"个"。

人：一个学生、一个姐姐、两个司机

动物、昆虫：一个猫、两个狮子、一个蚊子、一个虫子

如果是鸟类，年轻人和"只"混用：一个麻雀 / 一 [只] 麻雀 *

东西：一个桌子、一个电视、一个湖、一个桥、一个电话、一个碗、一个日记本儿

一个医院、一个学校、一个公园、一个党、一个命令、一个想法、一个麻婆豆腐

如果是不太长的东西，和"条""根儿"混用：一个尾巴 / 一条尾巴 * 一个棍子 / 一根儿棍子 *

如果是车，和"辆"混用：一个大卡车 / 一辆大卡车 *

"个"在口语中经常省略。例如：

"一个"变成"一"：一姐姐、一山、一人

"两个"变成"俩"：俩狗、俩朋友、俩书包

"三个"变成"仨"：仨人、仨书包、仨猫

"个"用在十以内的数量时，在不正式的场合，可以产生音变。

"四个"到"十个"中"个"音变成"e"或"wo"：四个（sì'e）、五个（wǔwo）、六个（liùwo）、七个（qī'e）、八个（bā'e）、九个（jiǔwo）、十个（shí'e）

辆：车。一辆自行车儿、一辆小轿车/一个小轿车 *

条：长的东西。一条路、一条河、一条绳子/一根儿绳子 *、一条裤子、一条裙子、一条腿、一条船、一条狗/一个狗 *、一条线（画线）

根儿：小而长的东西。一根儿针、一根儿线、一根儿铅笔 *、一根儿面、一根儿头发、一根儿树枝

杆：笔、枪。一{杆}笔 *、一杆枪 *

{管}：笔。一管笔

管儿：管状的东西。一管儿牙膏、一管儿口红

块：方的东西，从大块物体上分离下来的小块儿。一块砖、一块石头、一块手绢儿、一块橡皮、一块手表、一块馒头、一块西瓜

牙儿：食物被切成圆锥形小块儿。一牙儿西瓜（从侧面看是圆锥形）、一牙儿烙饼

片儿：薄的东西，通常是切成的；药片。一片儿苹果、一片儿黄瓜、一片儿药

骨节儿（gūjier）：长的东西上的一段。一骨节儿绳子、一骨节儿树枝、一骨节儿线

卷儿：卷起来的东西。一卷儿纸、一卷儿胶卷儿、一卷儿布

张：薄的东西。一张纸、一张相片儿、一张邮票、一张烙饼

把：可以用一只手攥住的东西。一把钥匙、一把手枪、一把笤帚、一把伞、一把铁锹、一把刀、一把剪子

位：对尊敬的人使用。一位老师、两位顾客

件、件儿：事情、衣服、包装在一起的东西。除"事儿"以外，都可以用"件儿"。一件事儿、两件（儿）衣服、一件（儿）白布（把很多匹布包装在一起）、一件（儿）棉花（把很多棉花包装在一起）

只：鞋、袜子、手*、鸟*。一只鞋、一只袜子、一只鸡/一个鸡*、一只手/一个手*

本儿：书、本*。一本儿书、一本儿杂志、一本儿日记本儿/一个日记本儿*

朵儿：花、云。一朵儿牡丹花儿、一朵儿云彩

所儿：建筑。一所儿房子、一所儿院子、一所儿医院

匹（pī）：马、骡子。一匹马、一匹骡子

匹（pǐ）：纺织品。一匹青布、一匹尼龙

封：信。一封信

扇：专指门、窗户，不包括门框、窗框、门槛儿。一扇门（如果说"一个门"，则包括门框、门槛儿）、一扇窗户

幅：字画。一幅字、一幅山水画儿

堵：墙。一堵墙

瓣儿：橘子、蒜等（剥开皮后的组成）。一瓣儿蒜、一瓣儿橘子

支：笔*、箭、枪*。一支毛笔/一{杆}毛笔*、一支箭、一支枪/一杆枪*

棵：植物。一棵树、一棵牡丹、一棵白菜

门儿：学问、科学。一门儿学问、一门儿科学

道：菜（按次序上来的菜）、手续。两道菜、好多道手续

篇儿：文章、书页*。一篇儿作文儿、一篇儿论文、一篇儿书 / 一 [页] 书 *

首：诗歌。一首诗、一首歌儿

出：戏剧。一出戏

顿：饭。三顿饭

头：蒜、牛。一头蒜、一头牛

座：山*、钟*、桥*、比较大的建筑*等。一座山 / 一个山*、一座钟 / 一个钟*、一座大桥 / 一个大桥*、一座图书馆*（"图书馆"等一般用"个"）

滴的儿（dīder）：液体。一滴的儿香油、两滴的儿醋

口：家庭人口、棺材。两口人、一口棺材

股儿：拧成绳子、线的原始部分、电线。三股儿线、一股儿电线

桄儿：绕在一起的线、毛线。一桄儿线、一桄儿毛线

味：中草药。一味药

丸：中药药丸。一丸药

§1.2 集体量词

摞：摞起来的东西。一摞纸、一摞箱子

沓儿：摞起来的薄的东西。一沓儿纸、一沓儿相片儿、一沓儿钱

双：成对的东西或两个。一双筷子、一双鞋、一双袜子、一双手套 / 一副手套*、一双眼睛、一双手、一双儿女

对：成对的东西。一对手表、一对耳环、一对夫妻、一对铃铛、一对双胞胎

副：通常是成对的东西。一双手套 / 一副手套*、一副眼镜（眼镜因为有两个镜片，所以用"副"）、一副手铐、一副手镯

套：固定搭配在一起的东西。一套西装、一套餐具、一套丛书、一套音响、一套房子、一套工具

串儿：用东西穿起来的东西。一串儿糖葫芦儿、一串儿钥匙

嘟噜：垂下来的一簇东西。一嘟噜葡萄、一嘟噜钥匙

挂：鞭炮、蒜（编在一起，可以挂起来的）。一挂鞭炮、一挂蒜

辫：蒜（像辫子一样辫起来的）。一辫蒜

份儿：按人发放的东西、报纸、工作。一份儿饭、一份儿钱、一份儿报纸、一份儿工作

场：雨、雪、风、比赛、戏剧等。一场雨、一场戏、一场比赛、一场电影儿

层：建筑的楼层、在别的东西上加上的平面的东西。一层楼、一层棉花、一层树叶、一层冰、

堆：聚积起来的东西、人。一堆土、一堆树叶儿、一堆人

群：人、动物。一群人、一群羊、一群牛

队：排着队的人或动物。一队学生、一队大雁

片：面积比较大的区域。一片楼、一片水、一片草坪

绺儿：细而长的东西的聚合。一绺儿线、一绺儿头发、一绺儿胡子

撮儿：少量的、可以用手指捏起来的东西。一撮儿面、一撮儿头发

户：人家。一户人家

家儿：以家庭为单位的人。一家儿人

子儿：用封条封住的细长的东西。一子儿挂面、一子儿绣花线

199

§1.3 临时量词

用装东西的器具或人、东西的放置处所来表示计量单位。常用的有"杯、碟儿、锅、壶、盘儿、瓶儿、碗、屋子、桌儿"等。

一杯茶、一碟儿点心、一锅粥、一壶水、一盘儿肉、一瓶儿酒、一碗饭、一屋子人、一桌儿菜、一墙广告、一地泥、一书架书、一书包钱

§1.4 量词前数词的省略

如果数词是"一",则"一"可以省略。

家里来了个亲戚。

昨天买了件儿大衣。

你买瓶儿醋去。

喝杯茶吧。

§2 动量词

动作进行时的计量单位。

§2.1 固定动量词

回、次:用法基本相同,"回"更常用。吃过一回、吃过一次、做过两回、做过两次

下儿:短暂的动作。敲了一下儿、拍了一下、看了一下儿

引申为婉转的语气。

您看一下儿、我说一下儿

遍:从头到尾的行动。看了三遍

趟:往返。去一趟、跑一趟

顿：仅用在"吃、打、骂、说（斥责）"后。吃一顿、打一顿、说一顿

§2.2、临时动量词

1. 用身体的某部分当作计量单位。

看一眼、踢一脚、打一拳、喝一口、听一耳朵

2. 用动作进行时的工具当作计量单位。

抽一鞭子、打一棍子、切一刀、铰一剪子

§2.3 动量词前数词的省略

如果数词是"一"，则"一"可以省略。

上个月回了趟老家。

敲了下儿门。

§3 量词的重叠

表示全部的、所有的。

天天——每天

个儿个儿——每个

回回——每回

顿顿——每顿

§4 和普通话的区别

1. "个"的范围比普通话大。

2. 普通话中的一些量词在北京话中没有。

普通话	北京话
艘	条（一条船）
顶	个（一个帽子）
粒	个（一个米粒儿、一个种子）
颗	个（一个子弹）
台	个（一个电视）
册	本儿（一本儿书）
盏	个（一个灯）
枚	个（一个奖章）
架	个（一个飞机）
束	把（一把花儿）
幢	所儿（一所儿房子）

第十五章

连　词

连词是指连接两个并列的词、词组以及分句的词。

§1 连接词或词组

§1.1 和、跟、同、同着

连接两个并列的词或词组。区别在于：

1."同着"只是用于人一起干什么，而且只有老年人用。

他同着我一起干的。

我同着他一道儿走。

※ 辣的同着甜的我都不爱吃。

※ 你买点儿吃的同着喝的回来。

2、"和、跟、同"意思一样。"同"只是老年人用，"跟"用得最多。

你买点儿吃的跟喝的回来。

你买点儿吃的和喝的回来。

你买点儿吃的同喝的回来。

§1.2 又……又……

连接动词词组、形容词词组。要求两个"又"后的词类一样、词组的类型一样。

待人家又吃又喝，养得白胖白胖的。

※ 待人家又吃好的又喝，养得白胖白胖的。

伤口又疼又痒。

※ 伤口又疼又感染。

听说儿子当上了飞行员，她又高兴又担心。

※ 听说儿子当上了飞行员，她又请客又担心。

孩子一回来，他又是买吃的又是打扫屋子。

※ 孩子一回来，他又是高兴又是打扫屋子。

§1.3 连……带……

连接动词、形容词、名词。

他连吃带拿，解他妈那儿夸哧了有小一千。

他连蒙带哄，就把老太太的钱弄到手啦。

他连生气带伤心，就病倒了。

连桌子带椅子，都给搬走了。

§1.4 ……啊……（啊）的

连接动词、形容词、名词。

说啊笑啊的，一会儿就干完了。

请了裱糊匠，糊了好多船啊轿的。

管他什么香啊臭的，能吃就行。

脏啊乱的，我已经不在乎了。

§2 连接分句（参见"复句"）

§2.1（要、要是、回头、……的话），……就

连接假设句，"要、要是、回头、……的话"出现在表假设的分句，后面表结果的分句经常有"就、也"呼应，甚至表假设的分句

没有"要是、要、……的话"也行，从这点来说，连接假设句，"就"更重要。"要、要是"的分布一样，可以互换。"……的话"可以单用，也可以和"要、要是、回头"一起用。

1. 要 / 要是

你要 / 要是不来，我就走啦。

你要 / 要是富余，就给我点儿。

他要 / 要是不愿意，也别勉强。

这回要 / 要是不成，再想别的法子。

2. ……的话

你不吃的话，我就不买了。

我有功夫的话，就瞧您去。

坏了的话，就扔了吧。

你今儿回家的话，就赶紧走吧，一会儿没车了。

3. 回头

"回头"只用于将来。

你回头不认账，我找谁去。

他回头赖我，怎么办？

这事儿回头办不成，您也别埋怨我。

房子回头让他卖了，您哭都没地儿哭去。

4. 要 / 要是 / 回头……的话

你要 / 要是不想去的话，就算了。

这事儿回头干砸了的话，你可得兜着。

"要是、回头"可以位于句首，"要"一般不位于句首。

回头你不认账，我找谁去。

要是你不来，我就走啦。

§2.2 万一

"万一"也表假设,表示如果最不可能的事情发生。

万一到时候儿车没到,你就赶紧给我打电话。

他万一没考上,你也别埋怨他。

万一我中了一千万,就买一个大别墅。

万一他不去,就让我去吧。

§2.3 因为(yīngwei)、所以

"因为"表原因,"所以"表结果,用于因果复句。在北京话中,"因为""所以"一般单用,也可以一起用,但很少。

1. 因为

因为他有权,他就横。

因为临时有事,才没去。

因为怕您生气,才没告送您。

因为你嫉妒,才到处说我坏话。

2. 所以

他有权,所以他就横。

家里临时有事,所以没去。

就是怕您生气,所以才没告送您。

她比你好看,又比你聪明,你嫉妒,所以才到处说她坏话。

3. 因为……,所以……

因为她比你好看,又比你聪明,你嫉妒,所以才到处说她坏话。

§2.4 还是、也不、(就算/宁可/宁愿)……也不……、(有)……不如……、不是……就是……

这组连词用于选择句。

1. (是)……,还是……

用于疑问句,表示两项选一。

你去，还是我去？

瞧我这记性，我给你了，还是给他了？

你花的是你自个儿的钱，还是他的？

他那样子是生气，还是担心？

2. 也不

用于回想时，表示不太确定，并不是询问。

那天是礼拜六，也不礼拜天？

那天他穿的是夹克，也不西服？

我那会儿做饭来着，也不洗衣裳来着？

那会儿你上你二舅家去来着，也不你三舅家去来着？

3.（宁可/宁愿/就算）……，也不……

两种选择都是不如意的，但是选择了后面一项。"宁可、宁愿"比"就算"语气更强烈。

我（就算/宁可/宁愿）病死，也不用你管。

他（宁可/宁愿/就算）累出病来，也不求人。

他（宁愿/宁可/就算）找街坊帮忙，也不找他哥。

他（宁可/宁愿/就算）把遗产捐了，也不给你。

"宁可/宁愿/就算"后的选择，不太符合一般人情。

※ 他宁可把遗产留给他孩子，也不给街坊。

4.（有）……，不如……

选择后面一项。

有等车这工夫儿，不如走着去。

俩人儿有待这儿闲聊的，不如学学做活。

你跟他说，不如直接找他妈说。

现在租房太贵，还不如买房呢。

赶明儿上山西插队，不如在咱们卢沟桥插队，近点儿。

5. 不是……就是……

两项必居其一。

整天不是炸酱面，就是芝麻酱面，你就不会换换样儿。

见天不是打就是骂，那孩子能不恨他？

到家不是看电视，就是打游戏，整个儿一甩手掌柜的。

最近天儿不好，不是刮风，就是下雨。

§2.5（虽说/虽说是/[虽然]）……，可、可是、但是、不过、就是

这组连词用于转折句。

1."可、可是、但是、不过、就是"表示转折。"可、可是、但是"意思一样，可以互换。

他身子壮实着哪，可是/可/但是老装病。

瞧着好看，可是不好吃。

但有表强调的词"得"等，一般不用"可"。

你去吧，可是/但是得小心。

因为用"可"容易产生歧义。

你去吧，可得小心。

此处的"可"不表转折，只表强调。

2."不过、就是"强调大部分同意前面的事实，仅仅指出一点不同。

他这人不错，不过脾气不太好。

他这人不错，就是脾气不太好。

他这人没别的长处，就是脾气好。

他这人没别的长处，不过脾气挺好。

人挺聪明的，就是不好好儿念书。

3."虽说/虽说是/[虽然]"用于承认事实,可以互换,后一分句转折。

虽说/虽说是/[虽然]几十年不见了,可就像昨天才分手的。

虽说/虽说是/[虽然]你身子结实,可也得注意别着凉。

虽说/虽说是/[虽然]刚认识,可是就像认识了几十年是的。

虽说/[虽然]是后妈,可待孩子跟亲生的一样。

§2.6 倒、反倒

表示跟预料的结果正相反,意思一样,可以互换。

六月了,天儿倒/反倒凉了。

本来想占便宜,便宜没占成,倒/反倒让人坑了。

本来想说点儿软话,一好换两好,没想到他倒/反倒来劲了。

吃了药,病倒/反倒重了。

§2.7 一边儿……,一边儿……

1. 表示两个动作行为同时进行。

他一边儿看电视,一边儿吃饭。

别一边儿听音乐,一边儿做作业。

她一边儿打点滴,一边儿写论文。

他一边儿做,一边儿偷吃。

2. 表示两种行为在同一时期进行。

他一边儿跟我这儿买好儿,一边儿告我的黑状。

我容易吗?一边儿上班,一边儿还得上夜大。

她那会儿一边儿插队,一边儿写小说儿。

他一边儿待家讨好媳妇儿,一边儿待外头养着外家,什么人呢!

§2.8 自（zí）/自要（zíyào）

只要。"自/自要"意思一样，可以互换。表示只要满足一个条件，就能产生后面的结果。

自/自要您出面，没有不行的。

自/自要你答应来，别的都好商量。

自/自要他在，别人就不敢欺负你。

自/自要你不捣乱，我就答应你去。

§2.9 不管、甭管、不论（lìn）、管

表示什么样的条件都不在乎。后面必须有疑问词或反复、选择问句形式。"不管、甭管、不论"意思一样，可以互换。

不管/甭管/不论是谁，都得守规矩。

不管/甭管/不论多晚，都得回家。

不管/甭管/不论你去不去，都告送我一声。

不管/甭管/不论是你去还是他去，都没关系。

和"不管/甭管"比起来，"管"的语气更强烈，更表示不在乎条件。

管他是谁，就是不行。

管他多少钱，你照买就是。

管他是对是错，这和我有什么关系。

管他吃不吃，你就吃你的。

§2.10 不光、非但

1. 不光

（1）表示"不仅仅"，不止如此。后面经常有"还、都、也"呼应。

他不光给我买了票，还送我上车站。

这事不光是他，我们都知道。

不光你恨他，这儿的人都恨他。

不光教中文，也得教英语。

（2）表示"不仅""不但"，后面经常有"还、也"呼应。

不光不能帮她，还得让她帮你。

不光好用，还便宜。

她不光人好看，性格也好。

你考试作弊，不光上不了大学，还落下一辈子的污点。

2. 非但

表示"不仅""不但"，后面经常有"还"呼应。"非但"不能表示"不仅仅"。

非但不能帮她，还得让她帮你。

你去，非但于事无补，还给人家添了麻烦。

你这样非但讨不着她的欢心，还让她讨厌。

他非但不道歉，还来个恶人先告状。

※ 他非但给我买了票，还送我上车站。

※ 这事非但是他，我们都知道。

§2.11 省得

免得。

你来的时候儿，先打个电话，省得我不在家，你白跑一趟。

外边儿吃吧，省得做饭了。

不参加任何运动，多抓自己工作，多学习业务，也省得挨整。

现在街道上都给他们找了工作，省得他们在社会上头惹是生非啊什么的。

§2.12 好

以便。

把这搬走，好放冰箱。

他上补习班呢，好跟上大家。

你把椅子往那边挪挪，我好把东西放下。

他特意避开，好让你们说话。

§2.13 就是、就算、就

表示承认事实，但重点在后面的转折，常有"也"呼应。

你（就是/就算/就）不高兴，也别显出来。

你（就是/就算/就）不来，也得跟我说一下儿。

他（就是/就算/就）不愿意，也不能当面儿撅人家。

我（就是/就算/就）饿死，也不求你。

"就算、就是"可以位于句首，"就"不行。

就是你不来，也该让孩子来意思意思。

就算你不认识，也该查查字典。

就算你不高兴，也别显出来。

就是你不高兴，也别显出来。

就是死，我也不答应。

就算死，我也不答应。

※ 就你不高兴，也别显出来。

※ 就死，我也不答应。

"就算、就是"后面可以跟形容词，"就"后面跟形容词很受限制。

就算破，补上就行了。

就是破，补上就行了。

※ 就破，补上就行了。

你就算生气，也别扭头就走。

你就是生气，也别扭头就走。

你就生气，也别扭头就走。

表 15.1 "就算、就是、就"的区别

用　法	就算	就是	就
句首	+	+	-
后面跟"是"	+	-	-
后面跟形容词	+	+	(-)

§2.14 别说、甭说、慢说

表示承认事实，常有"就是、就算、也、都"等呼应。"别说、甭说"意思一样，可以互换。

1. 表示承认事实，后面给出标准比较高的例子说明为什么如此。比较起来，"慢说"给出的例子更极端。

别说/甭说是小孩儿，大人也得傻眼。

别说/甭说是你，你爸爸也不敢这们跟我说话。

别说/甭说我眼睛不好，就是2.0的眼睛也瞧不见。

别说/甭说是小学生，就是大学教授也未见得会。

慢说是你，就是天王老子也不行。

慢说这点儿小事儿，就是天大的罪责，我也给你担着。

2. 表示承认事实，后面转折。"慢说"没有此用法。

别说/甭说没钱，就是有钱也不给你。

就您这质量，别说/甭说贵，就是便宜，我也不买。

别说/甭说便宜，就是贵，也得买，救命啊。

别说/甭说现在还有钱，就是没钱了，倾家荡产，也给你治。

§2.15 要不、要不然、要不叽

意思一样，表示选择。"要不、要不然"所有年龄都说，"要不叽"

一般老年人说，现在说的人越来越少了。

1. 表示如果不这样。

赶紧走吧，要不赶不上车了。

你别招惹他，要不然吃亏。

答应他吧，要不然你后悔一辈子。

我得见他去，把这事儿解决了，要不叫他老得找你麻烦。

2. 表示因为现在的情况，所以应该选择。有"要不、要不然、要不叫"的分句，可以位于前面，也可以位于后面。

你没胃口，要不然喝点儿粥。

看你困的，要不睡吧。

要不叫我去吧，瞧你累的。

要不你就出点儿血，省得麻烦。

3. 征询意见。前一分句是说话人第一选择，"要不"后是如果听话人不赞成的话，给出的第二选择。

吃炸酱面吧，要不吃饺子？

你带去吧，要不寄快递？

你去吧，要不我去？

买白的吧，要不蓝的？

§2.16 除非……

表示只有满足这个条件，否则不行，后面经常有"要不/要不然"呼应。

除非他跟我道歉，要不我绝不答应。

除非坐地铁，要不然赶不上火车了。

户口在这块儿的，才给你挂呢，除非你有急病，挂急诊行了。

除非有什么音乐会啦，什么电影儿啊，我去，别的都不出家门儿。

§2.17（只有）……才……

表示唯一的条件。只用于一般情况或未完成情况，即使用于过去，也是当时还未完成的，已完成的情况不能用。"只有"很少用，一般只说"才"。

（只有）您出面，才行。

（只有）你去，我才放心。

那会儿只有做手术，才能救命。

句中有"得、只能"时，"只有"不说。

得托人，才能排上队。

必得你去，我才放心。

非得挨说，他才消停。

现在只能让把房子卖了，才能还上账。

如果没有"只有"，只有"才"，可以用于已完成，但也没有了"唯一条件"的意思。

他出面，才把事儿办成了。

做了手术，才把命保住了。

§2.18 除了、除去

表示除此以外，后面是否定句或有"都、也"呼应。

除了他，没人能行。

除去手术，没别的法子啦。

除了他，你也凑合。

除去他，谁都行。

§2.19 再……也……

1. "再"后是褒义词，表示即使条件好，也不干。

再便宜也不买。

再好吃，也不吃。

她心里头有人了，别人条件再好也不行。

学识再渊博，人品不好也不行。

2. "再"后是贬义词，表示预期的结果坏到头了，也不过如此。

再次，也能考上中专吧。

再自私，也不能不管孩子。

再堵车，也比走着快吧。

有了工作，再不济，也能贴补贴补家里。

§2.20 还

表而且，更进一步。

他找到工作了，还是好工作。

他看我来了，还买了好多东西。

他不帮忙不说，还落井下石。

我找我弟弟借钱，他不借，还不让我爸妈借给我。

§2.21 一……，就……

1. 每逢遇到这种情况，就会发生那种情况。

一考试，他就肚子疼。

我一来，他就走。

他一见我就跑。

一阴天下雨，我这腰就疼。

2. 时间的衔接。

一出门，就下雨啦。

一下车就跑。

一下班就回家。

一进门儿，就睡了。

§2.22 ……，就……

表示因为出现了某种情况，就会出现另一种情况。

不好吃，就不吃。

稍不如他的意，就骂骂咧咧。

瞅见他，我就生气。

他不合适，就让我去。

如果情况还没发生，但可能发生，则表示假设。

下雨，我就不去了。

他来，我就走。

贵，我就不买了。

你不乐意，就别答应。

§2.23 凭

任凭。

凭你怎么说，就是不行。

凭你是什么人，都不能搞特权。

凭他是天王老子，我也不怕。

凭你用什么法子，非把他请来不可。

§2.24 然后

表示时间顺序。

我先上银行，然后买东西去。

先跟你妈说，然后再跟你爸爸说。

她先结了婚，然后才上的大学。

你先把钱垫上，然后我再给你。

§2.25 ……也好，……也好

表示不论哪种情况。

你去也好，不去也好，跟我有什么相干？

小张也好，小李也好，反正得出一个人。

去超市也好，买东西也好，你把自行车搁靠边儿点儿。

给钱也好，给东西也好，怎么也得意思意思。

§2.26 哪么

表示极端条件。

哪么给个笑模样，也行啊。

哪么犯了天大的错儿，我也能保你没事儿。

哪么有一丁点儿法子，我也不求他。

人家哪么有一口吃的，都得让他抢走。

§2.27 但分、但凡

意思一样，老北京人说"但分"更多。表示最低条件。

但分/但凡是个人，都下不去那狠手。

但分/但凡有一丁点儿法子，我也不求他。

那当儿但分/但凡有一口吃的，也不能把你给人。

他但分/但凡有一点儿盼头，都不能走绝路。

§2.28 但凡

表示凡是。

但凡来的容易，去的也容易。

但凡我能想到的，都干了。

但凡看上眼的，都有了主儿了。

但凡有路的地方，我都去过。

§2.29 不……，不/别……

双重否定，表示强烈肯定。

不到黄河不死心。

你不同意，我就不走。

不好吃就别吃。

不愿意就别答应。

第十六章
代　词

代词指代替别的词的词。

§1 人称代词

第一人称单数：我

第一人称复数：包括式，包括听话人在内：咱们、咱。

排除式，不包括听话人在内：我们，在不正式场合的发音为"姆（m̌）"、{姆么（m̌me）}。

第二人称单数：你

第二人称复数：你们

第二人称敬称：您。"您"没有复数形式。如果对方不止一个人，可以说"您几位"。

第三人称：他／她／它。写成文字时，男性为"他"，女性为"她"，除人以外事物为"它"。

第三人称复数：他们／她们／它们。写成文字时，视对象不同，分别写为"他们""她们""它们"。

第三人称敬称：怹（tān）。"怹"没有复数形式。如果所指不止一个人，可以说"怹几位"。"怹"现在一般只在老年人中间使用。

下面论述一下几个人称代词的特殊用法。

§1.1 咱、咱们

1. "咱"有时可以用作第一人称单数，表示"我"，但口气显得粗鲁，通常用在不满、傲慢、显示自己时。

咱是谁！怕过人没有！

你瞧咱的手艺！

咱5岁的时候儿，就一个人坐车从海淀到朝阳。

就咱这手活儿，走的哪儿都有饭吃。

2. "咱、咱们"有时可以表示"你、你们"，显示说话人想和对方套近乎，把自己和对方融为一体。例如：

咱/咱们这工厂哪年建的？＝你们工厂哪年建的？

看把咱/咱们小手儿冻的！＝看把你的小手儿冻的。

咱把这药吃喽，病就好啦。＝你把这药吃喽，病就好啦。

咱就跟他道个歉，也少不了一块肉。＝你就跟他道个歉，也少不了一块肉。

在说到亲属时，真正的亲人不用说"咱"，例如，兄弟姐妹说到父母时，说"爸爸""妈妈"，如果说"咱爸""咱妈"就不是自己的父母。比如女婿跟妻子说到岳父母时，可以说"咱爸""咱妈"。但儿媳妇和丈夫说到公婆时，不能说"咱爸、咱妈"，因为传统上，儿媳妇属于自家人，女婿属于外人。再比如，想套近乎的人说到对方父母时，会说"咱爸""咱妈"。

§1.2 我们

"我们"有时可以用作第三人称，表示那个人跟自己关系近。例如：

瞧把我们说的，脸都红了。（"我们"指的是另一个人）

什么好吃的，也让我们尝尝。（"我们"指的是另一个人）

我们都饿啦。("我们"指的是另一个人)

我们想让妈妈抱抱。("我们"指的是另一个人)

§1.3 姆(m̌)、{姆么(m̌me)}

"姆"和"姆么"的区别是使用人群不同。城中的老北京人只说"姆",郊区的人两种都说。"姆"大概是"我们"的合音,只用在不正式的场合。"姆"不能出现在句末,但如果加上语气词就可以了。

别埋怨姆呀。

别埋怨姆了。

※ 别埋怨姆。

§1.4 您

"您"用于对长辈、地位高的人、陌生人说话时。如果对同辈、晚辈,用"您",虽然尊敬,但显得疏远。通常刚认识时,用"您",熟了以后,改用"你",表示已经是朋友了或把你当作自己的晚辈。也有特别多礼的老北京人,对家人以外的人都用"您",甚至自己的女儿、女婿,因为按以前的风俗,女儿结了婚,就是人家的人了,不再属于自己家。而现在的年轻人大多刚一见面就用"你"。

在实际说话中,称呼比"您"更显得尊敬。例如:

我想请教先生一个问题。

问大爷一个事。

§1.5 特殊代词:人家(rénjia)

"人家"可以用作第一人称和第三人称。

1. 用作第一人称时,有撒娇的意味,所以一般是女性在跟自己亲近的人说话时使用。

人家等了你一个钟头了,腿都站疼了。

你怎么老不接人家的电话呀?

人家不是告送过你吗？我不吃辣的。

这是人家专门给你做的。

2. 用作第三人称时，和"他"比起来，有一种不确定性，不知道具体人是谁。也可用于复数。例如：

明天人家来看房子。

人家都知道了，就你不知道。

小孩儿没礼貌，让人家讨厌。

人家欺负你，就告送我。

如果知道具体的人，则有一种亲昵、调侃的语气。而且"人家"和听话人的关系近，通常是听话人的爱人或男朋友、女朋友。

今儿人家可给你打过三次电话了。

快走吧，人家等你呢。

你先跟人家道歉去。

别让人家恨你。

§2 指示代词

§2.1 近指代词：这

通常发音为"zhèi"。如果指时间，是指离说话的时间近。例如：

这星期

这月

但如果前面给出了时间，则指当时的时间。

初二是我闺女结婚的日子。这天，一大早儿我就起来了。

我正急得没法儿哪，这当口儿，他来了。

如果指事物，通常是离说话人近的。例如：

这是前年买的。

这不是我的。

这你还不明白，就想坑你呢。

这你知道啊，我不是跟你说了吗？

这信是昨儿寄来的。

这公园是新建的。

但如果前面已经出现了具体事物，则可以指已出现的事物。

那儿新盖了一个超市。这超市还卖烤白薯呢。

甭看广告上吹得天花乱坠的，这药不行。

"这"通常是看得见的事物，如果看不见，通常说"那"。例如：

把这扔喽。（表示命令）

但不可以说：

※ 我已经把这扔啦。

因为"已经扔了"就没有了，看不见了。

§2.2 远指代词：那

通常发音为"nèi"。如果指时间，是指离说话的时间远。例如：

那年的事不好说。

那时候儿还没你呢。

如果指事物，通常是离说话人远的。例如：

那不能说。

那挺好吃的。

那铺子卖的包子好吃。

那人怎么瞧着这们眼熟啊。

§2.3 "这""那"一般不指人，但在介绍人时指人

这是我哥哥。

那是我嫂子。（离得比较远时）

"指示代词+量词"可以做名词修饰语。

这件衣服

那辆汽车

在日常说话时,量词常常省略。

这衣服

那汽车

§2.4 "这"用在有定的名词词组或代词前

这皇上也是不长眼,专信那奸臣。

岳飞特会打仗,这金国呀就害怕。

这你二舅要上大学了。

这一大早儿,嚷嚷什么呢?

这你没来的时候儿,都是他管。

这他一害怕,就全说了。

§2.5 "这""那"无论是施事还是受事,如果句中只有一个动词,一般出现在句首或"'把'字句"中"把"的后面

这不能吃。

这你就不懂了。

你把这给你弟弟吧。

那(nèi)你扔了吧。

那坏了,扔了吧。

他昨天把那拿走了。

如果有两个动词,可以出现在第一个动词后,但一般是出现在句首或"把"字句中。

你拿这走。

别拿这当挡箭牌。

你把这拿走。

别把这当挡箭牌。

这你拿走。

这你不能拿它当挡箭牌。

但从不出现在句末。

※ 你拿这。

※ 你洗那。

如果在句末，要说"这个""那个"。例如：

你拿这个。

你洗那个。

§2.6 "这""那"连接名词修饰语

名词的修饰语如果是表示所属时，北京话一般用"这""那"连接，而不用"的"。

我这车是去年买的。

你这想法和我一样。

老王那媳妇儿你可惹不起。

我当厂长那时候儿，还没有你呢。

§2.7 "这"的特殊用法

1. 表示不满时，发音为"chèi"。

这（chèi）人！（对这人不满）

这（chèi）味儿！

2. 有时表示强调，是指一类事物，而不是指某个特定的事物。

这汽车就是比马车快。（指的是所有的汽车，而不是特指某一辆汽车）

这手机就是方便。（指的是所有的手机，而不是特指某一个手机）

这人一上了岁数儿，病就找上门来了。

这父母没有不疼孩子的。

3."这、这个、那、那个"表示程度深。

（1）在形容词前

你老不回电话，我这着急。

他跟我这儿说起没完没了，这个烦人。

他们家那乱，没法儿说。

疼起来那个疼啊，真能把人疼死。

（2）在动词前

动词没有程度的问题，但加上"这""那"后，便有强调动作的强度的意思。一般用"这"，偶尔用"那"。

她跟我这哭，哭得我心软了。

他脸红脖子粗的，跟我这嚷嚷。

他待前头猛跑，我这追。

待人家那吃，跟饿死鬼投胎是的。

§3 处所代词

§3.1 近指处所代词

指在距离或时间上离说话人近的。

"这儿、这儿哈儿（zhèrher）、这点儿、这地儿、这边儿、这块儿、这么"都表示"这个地方"。可以是地点，也可以是某个物体上的地方。一般是指离说话人近的，但也可以根据语境，指当时的情况。

学校离这儿 / 这儿哈儿 / 这边儿不恨远。

这儿 / 这儿哈儿 / 这点儿 / 这地儿 / 这边儿 / 这块儿怎么有这们

多水啊？

我这儿／这儿哈儿／这点儿老疼。

你这点儿得改改。

那天我跟他妈呛呛，他也跟着掺乎，这儿／这儿哈儿有你说话的份儿吗！

一回来就跟我要这要那，这点儿没有你想要的。

我打这么走啦。

不同之处在于：

1. "这儿、这儿哈儿、这点儿、这块儿、这边儿、这地儿"可以跟在介词"待、在"等后，表示动作、行为发生的地方，"这么"不能。

你就待这儿等我，别乱跑。

他在这儿哈儿工作了一年了。

明儿你还在这点儿排队。

钱包我是在这块儿捡的。

他一直在这地儿住。

他十年前就待这边儿盖了个小房儿。

2. "这儿、这儿哈儿、这边儿"可以跟在介词"解、且、打、从"等后，表示出发的地方，"这点儿、这地儿、这块儿"不能。

解这儿／这儿哈儿／这边儿走，近。

你且这儿／这儿哈儿回家，还是回学校啊？

打这儿／这儿哈儿上哪儿啊？

从这儿／这儿哈儿往车站去，怎么走啊？

※ 解这点儿／这块儿／这地儿走吧。

3. "这地儿、这块儿、这点儿"的区别在于"这点儿"表示的地方小，"这块儿"表示的地方大于"这点儿"，但小于"这地儿"。

这点儿＜这块儿＜这地儿

4."这边儿"可以指"这一侧","这儿、这儿哈儿、这么、这点儿、这地儿、这块儿"不行。

箱子这边儿坏啦。

路这边儿有水。

5."这儿、这儿哈儿、这边儿"可以引申为某方面,"这点儿、这地儿、这块儿、这么"不行。

我这儿/这儿哈儿/这边儿还没消息,你那儿怎么样?

我这儿/这儿哈儿/这边儿给你打听着,你己(jǐ)个儿也找人问问。

6."这块儿"可以引申为某项工作。

你就负责进货这块儿吧。

做饭这块儿我包啦。

钱我出,伺候妈这块儿,大嫂,还得您多费心。

消防这块儿就交给老张吧。

7."这么"只能跟在介词"解、从、打"等后,表示出发的地方或方向。

我买东西去,解这么走了。

你从这么上哪儿去?

就见打前边往这么跑过来一个人。

他往这么扔过来一个纸团儿。

※ 这么没有你想要的。

8."这点儿"可以指在某一点上,其他词不行。

他这点儿不好,爱搬弄是非。

她就这点儿好,嘴甜。

§3.2 远指处所代词

远指处所词指在距离上离说话人远的。"那儿、那儿哈儿（nèrher）、那地儿、那点儿、那块儿、那边儿、那么"。

那儿 / 那儿哈儿 / 那边儿 / 那地儿有一个邮局。

我把东西搁那点儿了。

我买完东西，打那么回家啦。

不同点和近指处所代词一样。

表16.1 处所代词的区别

用　法	这儿/这儿哈儿 那儿/那儿哈儿	这点儿 那点儿	这块儿 那块儿	这地儿 那地儿	这边儿 那边儿	这么 那么
在介词后表处所	+	+	+	+	+	−
在介词后表出发的地方或方向	+	−	−	−	+	+
前面没有介词	+	+	+	+	+	−
某一侧	−	−	−	−	+	−
引申为某方面	+	−	−	−	+	−
在某一点上	−	+	−	−	−	−
引申为某项工作	−	−	+	−	−	−

§4 时间代词

§4.1 近指时间代词

1. 这咱

最近一段时间。一般老年人说。

这咱也不让提薛家将了。

这咱两口子正闹离婚呢。

这咱的孩子都是人精。

这咱吃得好了，人也胖了。

2. 这当儿

这时候儿。一般老年人说。

我正做饭呢，这当儿有人敲门。

俩人正呛呛这当儿，他来了。

这当儿也没车了，你就别走了。

这当儿他正待气头儿上，等他消了气你再说。

3. 这会儿

现在这时候。老年人、年轻人都说。

他这会儿到天津了。

这会儿你说不知道也不行了。

这会儿他横是正做饭呢。

我这会儿还不饿。

4. 这时候儿

老年人说得少，年轻人说得多。

都这时候儿了，你怎么还不走？

这时候儿，又下起雨来。

你怎么这时候儿才说。

这时候儿已经是晚上十点了。

这组词的区别："这咱"包括的时间比较长，"这当儿"比较短，特别是当时发生的时间，"这会儿""这时候儿"意思一样，时间比"这咱"短，比"这当儿"长。

5. 这儿、这儿哈儿、这么

必须跟在"解、打"等介词后，表示行为开始的时候。"这么"

一般老年人说。

解这儿／这儿哈儿／这么人家不管你了，怎么办？

那天跟我拌了几句嘴，打这么／这儿／这儿哈儿就不理我了。

且这儿／这儿哈儿／这么咱俩桥归桥、路归路，谁也不管谁。

你别解这儿／这儿哈儿／这么赖上我了。

6. 往（wàng）这么来

从某时开始的最近一段时间。一般老年人说。

往这么来，他也不怎么来了。

往这么来，我这腿也不好使了。

往这么来，小吃店也不卖焦圈儿了。

往这么来，他这饭量儿见长。

7. 这程子

这一段时间。一般老年人说。

这程子，您胃口不好。

这程子天儿不好，不是刮风就是下雨。

这程子我老闹肚子。

这程子瞧着他挺喜欢的。

§4.2 远指时间代词

1. 那咱

那一段时间。一般老年人说。

那咱咱们待王府井住，要盖百货大楼，才拆迁的这儿来。

那咱买家具都得凭票儿。

那咱结婚讲究三转一提喽。

那咱的人，没这们多心眼儿。

2. 那当儿

那个时候。一般老年人说。

那当儿要是说清楚就好了。

那当儿我正怀着你妈呢。

那当儿是冬劲天儿，这个冷啊。

那当儿我老腰疼，他给我弄来的药。

3. 那会儿

那个时候。老年人、年轻人都说。

那会儿我小，才七八岁儿，生活，就指着我父亲拉车。

那会儿结婚早，我十六岁就结婚了。

我们家老太太，那会儿脾气大着呢。

那会儿天还没亮呢。

4. 那时候儿

年轻人说得多，老年人说得少。

那时候儿，我挺想学习的，就自学。

那时候儿，我正上小学呢。

他们家搬来那时候儿，我才上中学。

那时候儿，我每天5点起床。

这组词的区别和近指时间词一样。

5. 那儿、那儿哈儿、那么

必须跟在"解、打"等介词后，表示行为开始的时候。"那么"一般老年人说。

那回跟我借钱，我没借，解那么／那儿／那儿哈儿不来啦。

头年我扭了腰，解那么／那儿／那儿哈儿就落下病根儿了。

解那么／那儿／那儿哈儿就恨上我了，嗔着我没给他说话。

一块儿上了趟北海，解那么／那儿／那儿哈儿俩人就好上了。

6. 那程子

那一段时间。一般老年人说。

那程子她外头儿做事儿去,都是我瞧着孩子。

那程子老下雨,这一片都是水。

那程子,他老瞧我不顺眼。

那程子,我见天儿上他们家玩儿去。

§5 疑问代词

§5.1 问地方

哪儿、哪儿哈儿、哪点儿、哪块儿、哪边儿、什么地方

1. 一般询问。

你把钥匙放哪儿/哪儿哈儿了?

哪点儿卖豆制品?

哪块儿凉快?

从那边儿走?

你觉得什么地方不好?

它们之间的区别和处所代词一样,请看上一节。

2. 不是询问,只表示任何地方。后面一般用"都"有呼应,"也"也行,但用得少。

我哪儿都不去。

这东西哪儿哈儿都没有。

我哪点儿都不舒服。

什么地方都行。

§5.2 问时间点

§5.2.1 多咱、多会儿、什么时候儿、{多前儿}、{多晚儿}

1. 一般询问。

这事儿你多咱知道的？

你多会儿来？

你什么时候儿通知我？

这组词的区别："多咱"问的是比较远的时候，"多会儿"问的是比较近的时候，例如问当天的事情，一般用"多会儿"，问几个月前的事情，一般用"多咱"。"多咱"是老年人说，年轻人一般说"什么时候儿"。

2. 不是询问，只表示任何时候。除了特殊句式外，后面一般用"都"有呼应。

多咱都不行。

什么时候儿都能出发。

多会儿都等你。

你想什么时候儿来就什么时候儿来。

§5.2.2 问具体时间点

1. 一般询问。

几点、几分、几秒、几号、几月、哪天、哪个礼拜、哪月、哪年

现在几点？

几号开学？

你哪天有时间？

你哪年毕业的？

2. 不是询问，只表示任何时间点。除了特殊句式外，后面一般用"都"有呼应。

我哪天都有时间。

哪月都有搬进来的。

几点吃都行。

你想哪天来就哪天来。

§5.3 问时间段

1. 一般询问。

多会儿、多半天、几个钟头、几天、几个礼拜、几个月、几年、[多长时间]

多会儿才好？

我得等多半天？

几天能得？

得学几年？

2. 不是询问，只表示无论时间长短。除了特殊句式外，后面一般用"都"有呼应。

我等多会儿都成。

几天都没关系。

你住多长时间都没问题。

你想学几年就学几年。

§5.4 问人

1. 一般询问。

（1）谁：

他是谁？

谁是你姐姐？

这是谁的书？

谁让你来的？

（2）什么人：问人的品性、和其他人的关系。

他是你什么人？

你喜欢什么人？

2.不是询问,只表示无论什么人。后面一般用"都"有呼应,"也"也行,但用得少。

什么人你都让进来。

谁都没问。

谁都不想去。

谁也不知道。

§5.5 问事物

1.什么

(1)一般询问。

这是什么?

晚上吃什么?

你想干什么?

你这是什么意思?

(2)表示否定、不满。

什么橘子味儿,是咖喱味儿!

什么破车,又熄火儿了。

什么天儿啊,热得跟火炉子是的。

什么人啊!连爸爸都骗。

什么乱七八糟的,我不看。

(3)不是询问,只表示无论什么。后面一般用"都"有呼应,"也"也行,但用得少。

我什么都不想吃。

整天什么都不干,光玩儿。

他什么活儿都不干。

什么话也不说。

(4)表示无论什么。

什么凉的热的，这一通儿乱塞。

什么好听的不好听的，你都得听着。

什么亲的热的，遇上事儿都躲得远远儿的。

什么水果啊点心啊，给我装了一书包。

2. 嘛

只在"干嘛"中出现，一般不单说。单说是天津话。

你昨天干嘛来着？

A：妈。

B：干嘛？

※ 你想吃嘛？

※ 你这是嘛意思？

3.｛啥｝

可以代替"什么"，但似乎是方言，还不能确定是否可以算作北京话。

啥意思？

你想吃啥？

§5.6 问价钱

1. 多儿钱

（1）一般询问。

这车你多儿钱买的？

多儿钱你才卖？

（2）不是询问，只表示无论多少钱。后面一般用"都"有呼应，"也"也行，但用得少。

多儿钱都不买。

多儿钱都不能出卖良心。

2.怎么卖

这苹果怎么卖？

这裙子怎么卖？

§5.7 问原因

1.怎么

（1）一般询问。

你昨天怎么没来？

你怎么不知道？

他怎么不乐意了？

你怎么了？脸色这们难看。

怎么回事？又停电啦。

你最近见着老王了吗？——没有。怎么？出什么事了吗？

（2）只表奇怪，不需要回答。

他怎么病啦？

怎么下雨了？

怎么这们热呀？

我怎么忘啦？今儿是他的生日。

2.干嘛

有些质问的语气，不表奇怪。

你干嘛不去？

我干嘛要管你的闲事？

干嘛让我去？

坏了，干嘛不扔？

3.[为什么]

老年人问原因只用"怎么"，但年轻人已经开始用"为什么"了。

比较之下，问科学上的原因以及必须回答的，用"为什么"，"怎么"有时只表示惊奇。

为什么 1＋1＝2？

※ 怎么 1＋1＝2？

你为什么迟到？

你怎么迟到了？（你是好学生，怎么迟到了）

所以，"怎么"比"为什么"要显得语气委婉。

§5.8 问方式

1. 怎么

（1）一般询问。

你昨天怎么来的？

这打印机怎么用？

怎么说好？

怎么才能让你高兴？

（2）不是询问，只表示无论什么方式。后面一般用"都"有呼应，"也"也行，但用得少。

怎么都不行。

怎么都睡不着。

怎么都吃不饱。

怎么也看不见。

§5.9 问目的：为什么

在老年人的北京话中只问目的，不问原因。

你为什么来的？不是劝架来的吗？怎么也跟着打起来了？

你爸爸拼死拼活的是为什么？不就是为你们吗？

搬这儿来为什么你不明白吗？为你上重点。

他今儿为什么来？借钱来了。

§5.10 问数量

1. 一般询问。

几：一般是 10 以下。

你们家几口人？

要带几个围嘴儿？

得学几年？

你去了几回了？

多少：可数、不可数的都可以问。

这辆车能坐多少人？

他喝了多少水？

多少钱才够？

这事儿你知道多少？

2. 不是询问，只表示无论多少。后面一般用"都"有呼应。

几个都行。

多少都得给他。

§5.11 问程度

1. 一般询问。多＋形容词（程度深）：多大、多远、多深、多沉、多宽、多长……，经常前面有"有"。

闺女多大了？

学校离车站有多远？

她能有多好看？

生孩子有多疼？

2. 追问。多＋形容词。程度深浅都可以。

你说近，有多近？

多小才能放进去？

便宜能有多便宜？

十斤都搬不动，多轻你才能搬动？

3. 不是询问，只表示无论程度深浅。后面一般用"都"有呼应，"也"也行，但用得少。

多贵我都买。

多便宜我都不买。

多疼也得忍着。

多难吃都得吃。

第十七章

语 气 词

语气词主要出现在句末或复句中的分句句末，表达不同的语气，个别的可以出现在句中，表示停顿。

§1 啊

§1.1 "啊"的意思

1. 表示叮咛。

好好儿写啊。

慢点儿走啊。

跟他说啊。

别忘了啊。

2. 表示恍然大悟。

是你啊，真没想到。

这个月啊，我还以为是下个月呢。

你买的啊，我还以为是发的呢。

是啊，是这们个理。

3. 表示解释原因。

我不知道啊。

这不是他的错儿啊。

他是因为你啊。

哪儿都买不着啊，才跟他借了。

我是你爸爸啊，怎么能不管你。

4. 表示提醒。

7点了啊，再不起床，该迟到了啊。

给妈买礼物，别忘了啊。

他让你一会儿去啊。

酱油没了啊。

5. 表示告知。

我跟你说啊，那小子不是什么好人。

明天下雨啊。

饭得了啊。

我走了啊。

6. 表示感叹。

真舒服啊。

我真傻啊。

这样儿多好啊。

这才是生活啊。

7. 语气词问句中，表示确认语气。（参见"疑问句"）

您走啊？

下礼拜去啊？

他睡了啊？

你不去啊？

8. 在"肯定式＋否定式"问句中，表示催促，让对方快点回答。

你去不去啊？

想好没有啊？

你到底买不买啊？

你认识他不认识啊？

9. 在祈使句和疑问词问句中，表示和缓。

坐啊。

喝水啊。

上哪儿去啊？

怎么去啊？

他是谁啊？

10. 表示质问。

好看啊！

不丢人啊！

你没长着手啊！

钱是白来的啊！

11. 表示列举，出现在句中，列举项后。

鱼啊，肉啊，这们可劲儿一吃。

泥啊，土啊，弄了一身。

"啊"既然可以表达这么多语气，如何不引起歧义呢？

叮咛：祈使句，第二人称（虽然句中可以不出现）。

恍然大悟：第一人称（虽然句中可以不出现）。

解释原因：原因，一般只用于已发生的情况。

提醒：一般用于现在、未来的情况，如果发生在过去，则和现在有关系的情况。

告知：新情况。

确认：语气词问句。

催促：肯定式+否定式问句。

和缓：疑问词问句、祈使句。

列举：列举项后。

§1.2 "啊"的音变

"啊"受前面的音影响，有时会产生音变。

1. 在 u、o 后变成"哇"。

走哇。

好哇。

2. 在 n、ne 后变成"哪"。

干嘛哪？（干嘛呢啊）

看哪。

"呀""啦"的情况有所不同，我们下面说。

§2 欸

有一种随便、甚至不耐烦的语气。

1. 表示告知。

他走了欸，还不快追。

他把你告了欸。

人家都用上高科技了欸。

我明天去欸。

2. 表示自己的新发现。

您的字真好欸。

你这房子真不错欸。

这儿有一个大坑欸。

这菜坏了欸。

告知和新发现有时意义可以重叠，既是新发现，同时也是告知。

3. 表示提醒。

八点了欸。

快走了欸，人家都走了。

快点儿吃欸，要不然迟到了。

我下午有会欸。

真的好吃欸，你也尝尝。

4. 表示央求。

老天爷欸，快下雨吧。

大哥欸，您就放过我吧。

小姑奶奶欸，这可不能动。

闺女欸，快跟我说吧，别让我着急。

§3 吧

1. 表示祈使。

你走吧。

明天再说吧。

您擎好儿吧。

把窗户开开吧。

2. 在疑问句中，表示推测。（参见"疑问句"）

你是学生吧？

明儿晴天吧？

疼吧？

你遇见什么麻烦了吧？

3. 询问对方对自己意见的看法。

我去吧？

包子不错吧？

明天再干吧？

这也太吵了吧?

4. 表示不相信。

得了吧。谁信哪?

算了吧。骗谁哪?

你就吹牛吧。

5. 表示勉强的语气。

就这样儿吧。

行吧,也没别的法子。

凑合过吧。

我一想,离了吧,这们对付着也不是事儿。

6. 表示犹豫。一般两项列举。

管吧,不好;不管吧,也不好。

你的吧,我不好意思要;他的吧,我又不想要。

便宜的吧,看不上;贵的吧,又买不起。

6点吧,太早;8点吧,又晚了,7点正好儿。

7. 表示意愿。

我跟你说吧。

他爱来就来吧。

我就走我的路,让别人说去吧。

得了,我就看着吧,有他倒霉那一天。

8. 表示假设。

我去吧,他准没好脸儿。

跟他商量吧,他一准儿不答应。

没本事的吧,他还看不上。

没熟的吧,肯定不好吃。

9.表示举例。

什么这演员那演员结婚了吧,离婚了吧,生孩子了吧,你们都真没的说了,没的干了!

昨儿上家来啦,吃的吧喝的吧,带了一堆东西来。

就拿你这事儿说吧,他不是也帮了大忙。

不让座儿的吧,你这一指责,人心里更不痛快。

10.在肯定式+否定式后,表示追问,有不耐烦的语气。

你去不去吧?

你知道不知道吧?

好吃不好吃吧?

他同意不同意吧?

§4 呗

1.表示有显而易见的原因。

吹牛呗。

你怎么买这们多?——好吃呗。

吓坏了呗。

不愿意搭理你呗。

2.表示顺其自然。

人家都买了,你就穿呗。

下雨了,走不了就住下呗。

她生气,你就哄哄呗。

人家都说到这份儿上,你就答应呗。

§5 啵

表示无可奈何的语气。

走啵,再求他也没用。

扔了啵,没法儿用了。

等着啵,急也没用。

怎么也挂不上号,没法子,求人啵。

§6 哈

1. 表示让对方确认。

他知道这件事哈?

我跟你说过哈?

特好吃哈?

这都馊了哈?

2. 表示同意对方的意见。

是哈,我怎么没想到呢。

真亮了哈,我照你说的一干。

不应该买哈,真应该听你的。

你说的真对哈,他就不是个东西。

§7 啦

1. 了 + 啊

很多人认为"啦"是"了啊"的合音。实际上,在句末出现的"了"一般发音为"啦",但写作"了"。

她是大姑娘啦。

他走啦?

吃完饭啦。

饭得啦。

2. 表示列举。

糖啦,饼干啦,买了一大堆。

唱歌儿啦,跳舞啦,说相声儿啦,什么都行。

§8 嘞

表示同意。

好嘞。

行嘞。

得嘞。

§9 喽

1. 表示命令,如果和"吧"一起用,则语气和缓。

集合喽。

开会喽。

把这扔喽。

把这扔喽吧。

饭都吃喽。

你都吃喽吧。

2. 在否定句中,表示不要致使某种情况发生。

菜放冰箱里吧,别坏喽。

让他赶紧走吧，别晚喽。

你得上医院，别厉害喽。

他别跑喽。

3. 如果是希望得到的结果，表示安心、欣慰。

这就好喽。

车就来喽。

这不都回来喽吗？

飞起来喽。

4. 如果是不希望得到的结果，表示遗憾、懊恼、诉苦。

糟喽，我忘锁门啦。

走喽，走喽，再也不回来喽。

房子让人拆喽。

疼死我喽。

5. 强调结果。只用于未然句。

关喽就行啦。（关上）

这菜得吃喽。（吃光）

你想好喽。（对行为产生的结果做好准备）

这衣裳该洗喽。（洗干净）

§10 吗

表示一般的询问。（参见"疑问句"）

你困吗？

现在饿吗？

你去过海南岛吗？

明天下雨吗？

§11 嘛

表示理应如此。

我年轻嘛，多拿点儿没关系。

当妈的嘛，孩子就是命。

没钱嘛，就得省着花。

下雨了嘛，就没来。

§12 呢

1. 强调程度深。

可好吃呢。

一大堆呢。

我等了你仨钟头呢。

真看不出来呢。

2. 表示对其他事的影响。

我要做饭了呢。（不能跟你买东西去了）

还有好多呢。（尽管吃）

我得开车呢。（不能喝酒）

明天我发工资呢。（明天就有钱了）

3. 在语气词问句中，询问处所。（参见"疑问句"）

妈呢？

钱包儿呢？

4. 在承上文问句中，表示"怎么样"。（参见"疑问句"）

我不想去，你呢？

要是钱不够呢?

今天我没时间。——明天呢?

他还没说呢?

他要不走呢?

5. 指涉及的事物。

我爸遗嘱都写好啦。房子呢,归我妹妹,存款归我。

今儿吃炸酱面吧,鱼呢,明儿再吃。

先看病吧。钱呢,回头再说。

你先把这摊儿干起来。小王呢,我让他干别的去。

6. 在肯定式+否定式问句和疑问词问句句末,表示思考。

我把手机放哪儿了呢?

我去不去呢?

他是谁呢?

他从哪条路上来呢?

7. 在疑问词问句句末,表示奇怪。

你怎么不知道呢?

我放哪儿了呢?

他多咱去的呢?

他是谁呢?

8. 表示如果。

饿了呢,冰箱里有吃的。困了呢,就上床睡去。

你笑呢,爹妈就欢喜,你哭呢,爹妈就忧心。

我有吃的呢,就有你吃的。

喜欢呢,就买。不喜欢呢,就别买。

§13 呕

表示起哄。

给他一大哄呕。

走呕,看热闹去呕。

抢呕。

亲一个呕。

§14 呀

"呀"的意思和"啊"基本相同,但和"啊"有比起来,有一种轻松、天真的语气,所以孩子、女性用的比较多。

快走呀。

您是老师呀?

我知道呀。

你没见过呀?

§15 着

表示命令。但是能出现在这种句子中的动词非常少。

听着!

看着!

伙计们,动弹着。

大家伙儿,活动着。

§16 可以出现在句中的语气词：啊、呀、吧、呢

表示停顿。各人的习惯不同，选用的语气词也不同。比较之下，用"吧"的比较多。

我啊，明天啊，想上你姐姐那儿去一趟，给她啊，带点儿钱去。

我呀，明天呀，想上你姐姐那儿去一趟，给她呀，带点儿钱去。

我吧，明天吧，想上你姐姐那儿去一趟，给她吧，带点儿钱去。

我呢，明天呢，想上你姐姐那儿去一趟，给她呢，带点儿钱去。

第十八章
拟声词、拟态词

§1 拟声词

模拟声音的词。

§1.1 动物的叫声

狗：汪汪。

猫：喵喵。

牛：mēngr。

猪：勒勒勒。

羊：咩咩。

鸭子：嘎嘎。

母鸡：咯咯咯（gēgēgē）。

公鸡：咯儿咯儿咯儿（gěrgērgěr）。

小鸡：叽叽叽。

苍蝇：嗡嗡。

蚊子：嗡儿嗡儿。

§1.2 一般拟声词

mēngr——：火车笛声。

mēngr mēngr：痛哭声。

piā 嚓：摔跟头的声音。打耳光的声音。

piā叽：摔跟头的声音。

rōur rōur：冬天大风的声音。

当当：敲锣的声音。

当儿当儿：敲门声。

蹬蹬：脚步声。

滴答滴答：滴水声。钟表声。水滴滴落的声音。

滴滴嗒嗒：汽车喇叭声。

滴滴哒哒：号声。

叮铃铃：铃声。

嘎巴：物体突然断裂的声音。例如树枝、绷紧的绳子等。

嘎嘣：嚼硬东西的声音。

刚当刚当：车在有石头的路上行走的声音。

咯儿咯儿：年轻女孩儿和孩子的笑声。

咣当咣当：行走中，车上的东西摇晃发出的声音。

哈哈：大笑的声音。

呵呵：老年人的笑声。

轰隆隆：雷声。火车开过的声音。

呼：鼓起嘴吹气的声音。

呼呼：大风声。大雨声。

哗哗：流水的声音。

哗啦儿哗啦儿：水管子流小水的声音。

哗啦哗啦：蹚水的声音。

叽叽喳喳：鸟叫的声音。好多女孩儿说话的声音。

叽里咕噜：听不懂的语言。

叽里咣当：车上东西摇晃的声音。

咔嚓：按快门儿的声音。上锁的声音。

哐哐（duāng duāng）：撞门声。

piā 嚓：摔跟头的声音。

啪啪：用手掌拍打的声音。例如：拍门声，打人声。

砰：枪声。爆米花的声音。

噼里啪啦：鞭炮声、密集的枪声。

扑：噘起嘴吹气的声音。例如吹灭蜡烛。

噗嗤：憋不住突然的笑声。

扑扑：拍打软东西的声音。例如拍打枕头。

刷刷：脚步声。快速书写的声音（除毛笔外）。

哇哇：大哭的声音。

呜呜：大风声。哭声。

悉悉窣窣（xīxisuōsuo）：微弱的物体行动的声音。例如：脚步声，小动物爬过的声音，翻动东西的声音。

稀里哗啦：东西散落在地上的声音。在晃动中物体与物体碰撞发出的声音。

稀稀拉拉：小雨声。

支扭（niǔ）：轴承缺油转动的声音。

§2 拟态词

形容事物状态的词。

梆当：突然一走，有点儿不管不顾的意思。您这们梆当一走，扔下这一大摊子让谁管呢？

咯噔：心里突然打了个愣儿。心里咯噔一下儿，他怎么这们说呢？就不怕人抓他的小辫子？

光叽、哐叽：把东西重重地放下或关上。他光叽把门摔上啦。他哐叽一下儿把书包撤的我眼前。

咔嚓：干脆让东西断裂，或东西自己突然断裂。有时也可以理解为拟声词。咔嚓一下儿，把西瓜切开了。咔嚓一下儿，绳子断啦。

啪嚓、piā 嚓、piā 叽：摔大跟头的样子。啪嚓 / piā 嚓 / piā 叽摔了一个跟头。

吧嗒儿吧嗒儿：掉眼泪的样子。也不说话，就坐的那儿吧嗒儿吧嗒儿掉眼泪。

出溜儿出溜儿：幼小的孩子在地上走的样子。几个月没见，这孩子都出溜儿出溜儿满地跑了。

滴了答拉：水淋淋，往下滴水的样子。你这网兜儿里装的什么东西？滴了搭拉的，弄了一地水。

滴了当啷：下垂的，发出响声的一串东西。滴了当啷提了一串儿钥匙。

滴了嘟噜：下垂的一串东西。滴了嘟噜提了一大堆东西。

夫嗤夫嗤：喘气的样子。现在真不行啦，才上 5 楼，就夫嗤夫嗤的啦。

夫囊夫囊：软乎乎、有弹性的样子。这是什么东西？夫囊夫囊的。——别动。许是什么活物儿吧。

咕咚咕咚：大口喝水的样子。他咕咚咕咚，喝了一气儿水。

估容估容（gūrōng gūrōng）：蠕动的样子。什么东西待那儿估容估容的，一瞧，是还没睁眼的小耗子。

骨碌骨碌：往下滚动的样子。小耗子，上灯台，偷油吃，下不来。下不来，怎么办？骨碌骨碌滚下来。——儿歌

忽喽忽喽：大口吃面条、喝粥的样子。就着黄瓜，他忽喽忽喽地把多半锅打卤面都吃啦。

叽里骨碌：急速滚下来的样子。从上边儿叽里骨碌地滚下好多土豆儿来。

康嗤康嗤：大口咬萝卜、苹果等水果、蔬菜的样子。他康嗤康嗤，几口就把一个大心儿里美吃没啦。

磨磨唧唧：欲言又止的样子。有话就说，别磨磨唧唧的。

七里夸嚓、七里咔嚓：干脆利落。他那人干活儿利落，七里夸嚓/七里咔嚓几下儿就干完啦。

乌囊乌囊：大口吃东西的样子。乌囊乌囊，把一屉包子都吃啦。

乌泱乌泱：大水漫过来的样子。引申为人多的样子。那水乌泱乌泱地就漫过来了。

第十九章
感 叹 词

感叹词是语言中表达说话人的感叹、惊讶、高兴、气愤等感情以及招呼、应答的一类词。感叹词永远单独使用，不和其他词、词组连用。感叹词的语音特点是往往超出自己所属的语言的语音系统，因此常常是有音无字，书面上无法表达。但是在日常会话中，感叹词使用非常频繁，如果不理解感叹词的意义，就会引起误解。下面我们把北京口语中的感叹词逐个列举出来。为了让大家方便理解，先用一个相近的拼音，后面 [　] 中注上国际音标。北京话的感叹词没有固定声调，但是有语调，我们用曲线来表示。

→：表示短平调。

——→：表示长平调。

↗：表示高短平调。

——↗：表示高长平调。

↗：表示短升调。

⤴：表示长升调。

↘：表示短降调。

⤵：表示长降调。

⌒：表示各种曲折调。

←——：表示吸气音。

——：表示平调。

°：表示无调。

§1 a[a] → 短平调。声音短促。常写作"啊"

表示吃惊、没想到，惊呼。

啊，这儿怎么有这么多水啊，踩了我一脚。

啊，这水怎么这们凉啊。

§2 a[a] ⟶ 高长平调。声音柔和，拖长。常写作"啊"

§2.1 表示请求，含有撒娇的语气。孩子多用

妈妈，给我买一个冰激凌，啊。

爸爸，星期天咱们上动物园吧，啊。

§2.2 表示嘱咐，有一种亲密的语气，所以，一般只在亲人和关系密切的人之间使用

路上小心车，啊。

别忘了带菜回来，啊。

§3 a[A]↗/a↗[A] 升调。经常写作"啊"

§3.1 表示追问

啊？你刚才说什么，我没听清楚。

你到底去不去啊，啊？

§3.2 对对方说的话表示吃惊，不敢相信

啊，这衣服一千二，也太贵了吧。

啊，小李都当副教授啦？

§3.3 在别人叫自己时,表示问"什么事"

A:妈。

B:啊?(什么事)

§4 a[ɑ]↷ 曲折调。先降,中间的低平调拖得很长,最后上升。好像没有对应的字

表示不满又无可奈何,常用于看见别人闯了祸时。

a↷,你怎么把妈妈书都撕了?

a↷,你怎么把醋当料酒放进去了?

§5 a[ɑ]↘ 短降调。常写作"啊"

表示肯定的回答。

A:刚才你给我打电话来着吗?

B:啊。

A:你都准备好了?

B:啊。

§6 ai[ae]↘ / ei[eɪ]↘ 短降调。常写作"哎"

§6.1 表示答应

A:你去买点儿水果回来。

B:哎。

A:李叔叔。

B：哎。

在北京，用 ei ↘ / ai ↘ 表示答应，是最有礼貌的。

§6.2 提醒注意某事

哎，那儿有一坑儿。

哎，我累着呢。

§6.3 用于打招呼，和 ei → 一样，但口气显得更随便

哎，把那碗递给我。

哎，往那边儿点儿。

§7 ai[ɛ] ↗ 曲折调。先低平调，拖长，然后稍微上升一点儿。暂未找到对应的字

§7.1 表示运气不好

A：你刚走，车就来了。

B：ai ↗。

§7.2 表示不愿意

A：今天下午两点开会。

B：ai ↗。

§8 ai[aɪ] ↘ 曲折调。声音拖长，下降，渐弱。常写作"唉"

表示叹气。

唉，这孩子命真够苦的。

唉，他这病怕是好不了了。

§9 ai[aɪ] ↘↗ 先下降，然后稍微上升一点儿。暂未找到对应的字

表示不赞同。

ai ↘↗，你干嘛买那么多东西来?

ai ↘↗，你可别这们说。

§10 ei[eɪ] → / ai[aɪ] → 高平调。写作"欸"

§10.1 表示"我要说话了"，用于引起听话人的注意。在跟平辈或晚辈人说话时代替称呼

欸，你不是八点走吗？已经八点五分了。

欸，一会儿你去一趟办公室。

§10.2 表示"我想起来了，还有一件事"

欸，那件事您跟他说了吗？

欸，张老师，系里有您一封信。

§10.3 表示奇怪，想不到

欸，你怎么来了？

欸，我跟你说啊，我都不会笑了。

§10.4 表示"事实就是如此"

欸，你不服气不行，人家写的就是棒。

欸，你明天可得去。

§10.5 表示不满

欸，你怎么能这们说呢。

欸，你这样儿可不对啊。

§10.6 表示制止

欸，别走。

欸，欸，快放下。

§11 ei[eɪ]↗ / ɑi[aɪ]↗ 短升调。常写作"欸"

表示惊讶。

欸，你怎么还没走啊？

欸，人都哪儿去啦？

§12 ei[eɪ] ⌒↗ 曲折调。低平调拖长，然后升上去。暂未找到对应的字

强调事实就是如此。

ei ⌒↗，你还真说对了，我就是喜欢他。

ei ⌒↗，这事就是我干的，你说怎么办吧。

§13 ou[oʊ] ↗ 长升调。声音拖长。常写作"哦""噢"

表示有点儿惊讶。

哦，你想做这个试验？

哦，你爸爸也在这个单位工作？

§14 ou[ou] ↘ 短降调。常写作"噢""哦"

§14.1 表示恍然大悟

噢，原来是这么回事。

噢，你是小明的哥哥呀，我还以为是她男朋友呢。

§14.2 对对方的解释或回答表示不满

A：星期天咱班聚会，你怎么没去呀？

B：我以为是你请我吃饭呢。

A：噢，我请你你就不去呀。

§15 de [tə] ↗ 短升调，常写作"得"

§15.1 表示下决心

得，我就跟您去一趟。

得，这事儿就这们定啦。

§15.2 表示糟糕

得，这事儿闹大了。

得，这下儿他更得生气了。

§15.3 表示不耐烦。有时几个"得"连用，更加强不耐烦的语气

得，您甭跟我唠叨了，跟我唠叨也没用。

得得，我给您买去还不行吗？

§16 ha[xa] → 高长平调。常写作"哈"

§16.1 表示希望别人同意自己的话或希望别人证实自己的话

你也是这们想的，哈？

那天我跟你去的，哈？

§16.2 表示质问。意思是"是不是"

你现在都敢打我了，哈！

你骗我，哈！

§17 ha[xɛ] ↗ 长舒一口气。常写作"哈"

表示终于干完了某件事，心情轻松下来。

哈，可找着你了。

哈，总算写完了。

§18 hai[xaɪ] ↘ 短降调。常写作"嗨"

表示过意不去。

嗨，大老远的，让您跑这一趟。

嗨，又让您费心啦。

§19 hai[xaɪ] ↘ 长降调。常写作"嗨"

跟平辈的熟人打招呼。

嗨，上哪儿去？

嗨，走的时候儿把门带上。

§20 hai[xaɪ] ⤵ 曲折调。降调后，声音拖长。常写作"咳""嗐"

§20.1 表示悔恨、懊恼

咳，真不应该让他一个人去。

嗐，我怎么就上了他的当呢。

§20.2 表示遗憾

咳，好好儿的孩子惯成这样儿了。

嗐，这都是没法子的事儿。

§21 he[xə] → 高长平调。声音拖长。常写作"喝"

表示不满。

喝，我那儿忙得团团转，你倒跑这儿歇着来了。

喝，你近来脾气见长啊。

§22 he[xə] ↘ 短降调。声音拖长。常写作"喝"

§22.1 表示出乎意料

喝，田田都长这么大了。

喝，这地方也太脏了。

§22.2 表示讽刺，心里不平、不满

喝，人家现在出门就是汽车，那架子可大了。

喝，您贵人多忘事，我们这点儿事早扔脑后了。

§23 hei[xeɪ] → 高长平调。声音拖长。常写作"嘿"

§23.1 表示生气

嘿，我跟你说了半天都白说了。

他把我大老远地叫来，嘿，他倒回家了。

§23.2 打招呼。口气随便，常用于熟人、朋友之间

嘿，你来了都。

嘿，礼拜天上街，你去不去？

如果跟长辈或陌生人说"嘿"，则显得不礼貌。例如：

年轻人：嘿，您往那边儿挪挪。

老年人：你跟谁说话呢？"嘿"呀"嘿"的。

§24 hei[xeɪ] ↘ 短降调。常写作"嘿"

打招呼。

同"hei"的高平调相比，更不礼貌。不过，在朋友之间用则显得亲热。

嘿，我先走了。

嘿，你上哪儿去了，让我找了半天。

§25 huo[xuo] ⤴ 曲折调。先降，声音拖长，最后上升一点儿。常写作"嚯"

表示夸奖。

嚯，亮亮真能干哪。

嚯，字写得这们好了。

但用"嚯"表示夸奖时，也可以是说反话。

嚯，你可真够会办事儿的。（意思是"不会办事儿"）

嚯，真有你的。（意思是"你太不对了"）

§26 ia[ɪa] ↘ 长降调。常写作"呀"

表示大吃一惊。

呀，什么时候人都走了？

呀，我的自行车怎么没了？

§27 ie[ɪɛ] → 高长平调。声音拖长

表示认为对方吹牛、言过其实。一般只是孩子、年轻人说，老年人不说。写作"耶—"。

A：我爸爸会说五门儿外语。

B：耶—。

A：你这篇文章写得真不错。

B：耶—。

A：真的。我说的是真心话。

§28 io[io] → 高短平调。常写作"哟"

§28.1 表示奇怪

哟，你怎么把这们好的衣裳给扔了？

哟，你怎么还没起呢？

§28.2 表示突然想起来或突然发现某件事干糟了

哟，我忘锁门了。

哟，我没带钱包儿。

§29 io[io] → 高长平调。声音拖长。常写作"哟"

有一种善意的嘲讽、开玩笑的意味。

哟，怎么生气了？我跟你开玩笑呢。

哟，摆起架子来了？

§30 io[io] ↘ 短降调。常写作"哟"

§30.1 表示和自己的想法相反

哟，你不会呀？我还以为你会呢。

哟，你才到？我还以为你在屋里呢。

§30.2 表示"糟了"

哟，盐搁多了。

哟，踩了我一脚泥。

§31 io[io] ⤴ 曲折调。声音先慢慢下降，拖长，最后稍稍上升。常写作"哟"

带有一种推心置腹的意味。

哟，你可别惯他这毛病。

哟，他那人特两面三刀。

§32 pei[pʰeɪ] → 高短平调。声音短促。常写作"呸"

表示对某人或某事愤怒已极，常和骂人的话连用。

呸！给我滚一边儿去。

呸！你没资格跟我说话。

§33 uɑi[uaɪ] ↘ 短降调。常写作"喂"

打电话时的发语词。

喂，王老师吗？

喂，您哪位？

§34 [pf̩] ° 无调。声音短促，咂舌的声音。暂未找到对应的字

表示发愁，不知道怎么办才好。

[pf̩]，也不知道他这病什么时候才好。

[pf̩]，你说我该怎么办呢？

§35 qi[tɕʰɪ]° / [tɕʰɪɛ]° 送气强，声音短促。常写作"嘁"

§35.1 表示轻视

嘁，就您这尊容，还大学教授，谁信哪？

嘁，他还能去奥运会，做梦吧。

§35.2 表示委屈

嘁，好心好意帮他，还落埋怨。

这事儿我连影儿都不知道，传来传去，说是我说的，嘁，您说我冤枉不冤枉。

§36 [s◁] ⟵ 吸气音。写作"嘶—"

§36.1 表示冷

A：嘶—。

B：冷就回家再穿件衣裳。

§36.2 表示疼

A：嘶—。

B：怎么了？

A：让针扎了一下儿。

§37 [ŋ]↗ 短升调。鼻音。有人写作"嗯"

§37.1 在别人叫自己时，表示问什么。和§3.3 ɑ↗意思相同，但和ɑ↗相比，有一种心不在焉的意味。

A：小明。

B：嗯?

A：跟你说话呢。

B：这不是听着呢吗?

§37.2 表示追问。和 §3.1a ↗ 比起来，显得不太在乎别人的回答

我把钥匙放哪儿了? 嗯?（半询问半自言自语）

我想穿这件儿去。你说呢? 嗯?

§37.3 表示惊奇，没想到。和 §10.3 ei ⟶ 意思相同

嗯? 你把饭都吃了?

嗯? 我怎么把眼镜儿放这儿了?

也可以先下降，拖长，再上升 ⤴ 。

嗯? 怎么没有了?

嗯? 怎么湿啦?

§38 [ŋ]↘ 短降调。常写作"嗯"

§38.1 表示答应。和 §6 ɑi[ae]↘ / ei[eɪ]↘ 意思相同，但不如前者有礼貌

A：阴天了，出去带上伞啊。

B：嗯。

A：早点儿回来啊。

B：嗯。

§38.2 表示肯定

A：这字典是你的吗？

B：嗯。

A：你也想去吗？

B：嗯。

§39 [hŋ]↘短降调。从鼻孔里出气。常写作"哼"。表示又轻蔑又愤怒

哼，我犯得着跟他生气吗？

哼，你要是敢走，就再也别回来。

§40 [mŋ]↗短升调。升得很高。没有字对应

表示否定。一般只用于亲人、朋友之间。

A：开一会儿窗户吧？

B：[mŋ]↗。

A：你喜欢这张画儿吗？

B：[mŋ]↗。

§41 [mŋ]——平调。声音拖长。暂未找到对应的字

表示犹豫、考虑。

A：书法比赛你参加吗？

B：[mŋ]……，我还没想好呢。

§42 [mŋ] ↗ [mŋ] ↘ 第一个短升调，第二个短降调

表示不听话，撒娇耍赖。一般只有孩子用。

A：妈妈，我要吃冰棍儿。

B：今天太冷了，不行。

A：[mŋ] ↗ [mŋ] ↘。

A：我要看电视。

B：做完作业再看。

A：[mŋ] ↗ [mŋ] ↘，就看就看。

§43 [tθɿ] ° 无调。声音短促。咂舌声。常写作"啧啧"

§43.1 表示羡慕

啧啧，你看人家那孩子长得，要个儿有个儿，要模样儿有模样儿。

啧啧，他们家装修得跟宫殿是的。

§43.2 表示惋惜

啧啧，这么好的衣服，扔了怪可惜的。

啧啧，挺好的孩子，生让他爹给耽误了。

§44 ɑi[ɛ] → iɑ[ɪɑ] → 短平调。常写作"哎呀"

表示糟糕。

哎呀，都六点半了，我饭还没做呢。

哎呀，下雨了，我衣服还晾的外边儿呢。

§45 ai[ɛ] → ia[ɪa] ↘ ai 短平调。ia 长平调,拖长声。常写作"哎呀"

§45.1 表示难为情
哎呀,您还买这么多东西来。

哎呀,我这两天忙,那事儿还没给您办呢。

§45.2 表示为难
哎呀,这事儿还真不好办。

哎呀,我也没什么好办法。

§45.3 表示认为别人这么做不对
哎呀,你病还没好呢,怎么起来了?

哎呀,你怎么能这么说话呢?

§46 ai[ɛ] → ia[ɪa] ↘ 重音在 ia。常写作"哎呀"

表示烦躁。

哎呀,你让我安静会儿,行不行?

哎呀,这儿没你什么事儿,你别掺乎。

§47 ei[ɛ] → io[ɪo] → 声音短促。常写作"哎哟"

在受到惊吓时的惊呼。

哎哟,吓我一跳。

哎哟,崴了我脚一下儿。

§48 ei[ɛ] → io[ɪo] —— 声音拖长。常写作"哎哟"

§48.1 表示痛苦

哎哟，我浑身难受着呢。

哎哟，我肚子疼。

§48.2 表示夸张

哎哟，那人可多了去了。

哎哟，您可不知道，那当儿我们有多惨哪。

§49 hei[xeɪ] → io[ɪo] → 常写作"嘿哟"

显示受到误解，要急于解释的心情。

嘿哟，我不是那意思，您可别误会。

嘿哟，这话可不是我说的。

§50 hei[xeɪ] → io[ɪo] → ei[ɛ] → /ei[eɪ] → io[ɪo] → uei[uɪ] → 常写作"嘿哟欸"或"欸哟喂"

夸张自己的吃惊、想不到。

嘿哟欸，你怎么背了这么多东西？快放下，看闪了腰。

欸哟喂，是哪阵风儿把您给吹来了。

第二十章

"把"字句

一个二项动词涉及两个事物，施事和受事。例如：

我吃了饭了。

"吃"的施事是"我"，受事是"饭"。通过"吃"这个行为后，施事和受事都发生了变化，施事"我"在吃了饭以后，不饿了；受事"饭"，则是被"我"吃了，没了。如果我们想强调施事的变化，用"我吃了饭了"，如果我们想强调受事的变化，用"把"字句，"我把饭吃了"。从这里我们可以看出，"把"字句的作用是要强调受事的变化。

"把"字句的句式是：

施事 + 把 + 受事 + 动词词组

对受事的限制是：必须是有定的。因为只有知道说的是什么，才能知道以后是否有变化。这一点适合所有的"把"字句句式，以后就不再一一说明。我们的重点在解释动词词组的意义。

§1 施事 + 把 + 受事 + 动词 + 了

受事从"有"到"无"，或受到伤害。

1.受事从"有"到"无"。

我把饭吃了。（饭没了）

我把垃圾扔了。（对"我"来说，垃圾没了）

我把电视卖了。

我把钱还了。

我把钱花了。

我把钱包丢了。

我把蜻蜓放了。

我把火灭了。

我把那封信烧了。

我把小辫儿铰了。

我把衣服洗了。（现在不能穿）

下面的一组句子，虽然受事不是从"有"到"无"，但如果强调受事是一个任务，把这个任务完成了，也可以说：

你把衣服洗了。

你把饭做了。

2. 受事受到伤害。

他把我骗了。

他把人打了。

他把鸡杀了。

他把人银行抢了。

而不能说：

※ 我把电影看了。

※ 我把钱带了。

※ 我把笔拿了。

※ 我把股票买了。

"把"字句是要强调受事的变化，"看""带""拿"后，"电影""钱""笔"本身不发生变化。那么，为什么可以说"我把笔扔了"呢？"扔"后，笔本身也不发生变化，但相对施事来说，有变化，"笔"从有到无。为什么只能是从有到无，而不能从无到有呢？因为

"把"字句要求受事是有定的，还不存在的东西自然不能是有定的，而且不存在的东西也无从变化。为什么只能是从有到无，而不能是从一种状态变成另一种状态呢？这要从动词本身的意义说起。有一种动词所代表的行为动作完成后受事只有一种结果，就是"没了"，例如："扔、烧、吃、喝"，"了"表结果，所以这种句式必须要加"了"。还有一种动词，就像我们上面所举的"打、抢、骗、杀"也只有一种结果，受事被害，所以单个动词就可以清楚地表达出想要表达的意思。另外一种动词所代表的行为动作完成后，受事可以产生不同的结果，例如：

修：通常修后是好了，但也可能更坏了。

洗：通常洗后是干净了，但也可能是更脏了，也有可能出现其他情况，例如，洗破了。

剪：可能"剪坏了""剪小了""剪破了""剪好了"等等不同的结果。

所以要想清楚地表达出想说的意思，必须选择"动词＋结果"。

§2 施事＋把＋受事＋动词＋结果

受事从一种状态变到另一种状态。

弟弟把照相机摔坏了。（从好到坏）

孩子把书撕破了。

我把照相机修好了。（从坏到好）

我把衣服洗干净了。

我把饭做好了。（从无到有）

他们把井打出来了。

我把饭吃没了。（从有到无）

他把钱花光了。

他把头发染黄了。（无所谓好坏，仅仅是变成另一种状态）

你把窗户关上。

上面我们说，因为"把"字句主要强调受事的变化，如果受事不存在，就无所谓发生变化，所以"施事+把+受事+动词+了"句式，受事只能从有到无，那么为什么单个动词后面是结果，受事就能从无到有呢？首先，动词代表的动作是手段，语义的重点在结果。其次，在这类句子中，虽然受事所代表的事物在动作行为实施前可能不存在，但已在计划之中，所以，整个句子的意思是计划已经完成。单个动词表现完成很受限制，很多表现完成的词，如"好""完""出来"都不是二项动词，不能用在"把"字句中，所以只能通过结果来表现任务的完成。

这里所说的"完成"，是动作行为的完成，并不仅仅指发生在过去，将来也可以，例如在祈使句中：

你把窗户关上。

还需要注意的是，在这类句子中，"结果"表现的是受事的结果，比如"我把饭吃没了"是饭没了，"他把头发染黄了"是头发黄了。如果不是表现受事的结果就不能说，比如，不能说：

※ 我把篮球打完了。

因为"篮球"没完，是比赛完了，所以可以说：

我把比赛打完了。

我把这场打完了。

"结果"也可以出现在受事前。例如：

我修好了他的手表

今天我修好了一块手表。

如果受事是无定的，不能使用"把"字句。如果是有定的，什么时候使用"把"字句呢？我们发现，结果出现在受事前，除了在祈使句中，一般是不能结句的。例如：

我修好了他的手表，他连谢都不谢。

我关上窗户就来。

做完作业才让你看电视。

等你学好英语，就能看原版小说儿了。

也就是说，"结果+受事（有定）"不能充当主句，只能作为从句表现时间、原因等。而"把"字句既可以充当从句，也可以充当主句。例如：

我把他的手表修好了。

我把他的手表修好了，他连谢都不谢。

出来的时候，我把窗户关上了。

我把窗户关上就来。

为什么"把"字句可以充当主句，而"动词+结果+受事（有定）"不能呢？因为受事如果是有定的，要求出现在动词前。

§3 施事+（从+场所+）把+受事+（从+场所+）动词+趋向/走

受事从一个地方移到另一个地方。

"从（包括解、且等）"代表表示移动出发点的一组介词（参见"介词词组"）。"从+场所"一般在"把"前，但也可以在"把"后。

我把光盘租回来了。

我把材料带回来了。

他把照相机借走了。

他把钱寄来了。

他把钱从银行取出来了。

我解邮局把包裹取回来了。

他且幼儿园把孩子接走了。

那人从我妈那儿把钱都骗走了。

"动词+趋向"也可以出现在受事前。和"动词+结果"的情况相同,受事分无定和有定两种:无定的不能使用"把"字句;有定的如果不使用"把"字句,也只能处于从句位置。如:

无定:我借回来五个光盘。

他买回来两斤栗子。

有定:我拿回材料来,就放你桌子上。

他掏出钱来递给我。

我借回那本小说来,你得让我先看。

§4 施事+把+受事+动词+的/出+处所

受事从一个地方移到另一个地方。

我把钥匙放的桌儿上了。

我把车停的学校后边了。

你把啤酒放的冰箱里。

我把垃圾扔的垃圾站了。

他把钱装的提包里了。

他把耳机塞的耳朵里了。

不能把书带出图书馆。

因为要移动的事物一定是有定的,而有定的事物要求出现在动词前,所以表示受事的移动,受事只能在动词前。有四种办法。

1. 用"把"字句。

我把钥匙放的桌儿上了。

2. 用被动句。（参见"被动句"）

钥匙让我放的桌儿上了。

3. 受事位于句首。

钥匙我放的桌儿上了。

4. 受事在施事后。（参见"语序"）

我钥匙放的桌儿上了。

而不能说：

※ 我放钥匙在桌儿上。

※ 我停车在学校后边儿。

§5 施事＋把＋受事＋动词＋（给＋）接事

受事从施事转移到接事。

我把礼物寄给你了。

他把电视送（给）我了。（"送""借"等词在口语中不说"给"也行）

我把钱借（给）他了。

我把材料给他了。（动词"给"后就不加"给"了）

如果受事是有定的，只能用"把"字句；如果是无定的，使用"施事＋接事＋受事"：

我寄给你一个礼物。

他送给我一个电视。

我借给他一万块钱。

他给我一份材料。

§6 施事＋把＋受事＋动词＋成＋参事

参事：除施事、受事、接事外，和动词有关系的另一个名词。

受事变成另一种东西。

他把中文翻译成日语。

我把裙子改成衬衣了。

他把全部家产变卖成钱了。

他把新车撞成一堆废铁了。

在这种句子中，动词牵涉三个名词，如何分配这三个名词的位置呢？北京话中，施事要求在动词前，受事（有定）也在动词前，参事则要求在动词后。受事在动词前，有三种办法：

1. 使用被动句。但是被动句在北京话中很受限制，通常要求受事或是第三者遭到某种损害。例如：

你那条裙子让我改成衬衣了。（"你那条裙子"现在没了）

新车让他撞成一堆废铁了。

2. 用"把"字句。

我把你那条裙子改成衬衣了。

3. 受事位于句首。通常加"给"。

你那条裙子我（给）改成衬衣了。

新车他给撞成一堆废铁了。

§7 施事＋把＋受事＋动词重叠式

状况变好。多用于祈使句。

§7.1 受事的状况变好

你把头发梳梳。（让头发变得整齐）

你把你那牙好好儿刷刷。(让牙变干净)

你把屋子收拾收拾。

你把窗户擦擦。

你把这门修修,老关不上。

§7.2 受事变得不碍事

你把这箱子挪挪。(让箱子不碍事或整个屋子变得整洁)

你把身子侧侧,我好过去。

你把腿抬抬,我扫扫底下。

§7.3 使受事变得容易解决

你把这事想想,咱明天再说。

你把这篇文章看看,看怎么改改。

你先把这事放放,等老张回来再说。

我们不能说:

※ 你把饭吃吃。

※ 你把东西买买。

※ 你把饭做做。

※ 你把音乐听听。

因为"饭""东西""音乐"不能通过"吃""买""做""听"以后状况变好,也不能变得不碍事。同样,我们可以说:

你把眉画画。

却不可以说:

※ 你把菊花画画。

因为"眉"画了以后,会变得好看,而"菊花"不能因为画而变得好看。

为什么"把+受事+动词重叠式"只能用于使状况变好呢?因为动词的重叠式本身具有一种轻松口气,而坏事让人气愤,不适合用这种轻松的语气。同样,动词重叠式在受事前,表示对施事有利。例如:

我爸爸退休了,现在每天就是看看报、散散步,优哉游哉。

如果对受事有利,则使用"把"字句。

§8 (施事+) 把+受事+动词+得+状态

受事的状态变得非常好或非常坏。

"状态"用来说明受事处在一种极端的状态中。

他把钱花得一点儿不剩。

她把钱花得就剩下一块钱。

她把桌子擦得一尘不染。

她把窗户擦得都能照见人。

下面这些句子,"把"后名词所代表的人既可以理解为动词的受事,也可以理解为施事。所以一项动词,甚至形容词也可以出现在这种句式中。

他把我气得说不出话来。

把他走得脚都肿了。

你别大喊大叫的,看把她吓得直哆嗦。

今天走了80里,把我累得坐下就站不起来了。

那大石头一下子砸在他脚上,把他疼得直冒冷汗。

§9 施事＋把＋受事＋动词词组＋数量＋参事（伤害性的结果）

表示动作行为实施后的一种结果，并且这种结果给受事带来了某种伤害。

他们把地上挖了一个大坑。

他们把墙上炸出一个大洞。

我把手划了一个口子。

我把袖子烧了两个窟窿。

他把我推了一个跟头。

注意"在地上挖了一个大坑"和"把地上挖了一个大坑"的区别。"在地上挖了一个大坑"，只是说在地上进行了挖坑的行为，结果是地上有了一个坑，不涉及结果是好是坏。比如：

他在地上挖了一个大坑，灌上水，养水莲。

而"把地上挖了一个大坑"，指的是对路面的破坏。比如：

谁那么缺德，把地上挖了一个大坑，车都没法儿走了。

这种句式只能是给受事带来某种伤害，如果是给受事带来好处，则要用"给"。如：

把裤子磨了一个窟窿。

※ 把裤子补了一块补丁。

给裤子补了一块补丁。

§10 施事＋把＋受事＋动词＋动量／时量

我把这篇文章看了三遍，也不知道它到底说的是什么。

我妈把我说了一顿。

我奶奶非说有病得饿着，把我饿了一礼拜。

他跟人打架，他爸爸把他关了一天。

你先把这事儿放两天，等老张回来再说。

这种句式不表示受事的变化，而是关系到时量/动量词的位置。因为受事是有定的，要求在动词前，而时量/动量词要求在动词后，所以可以有三种表达方法：

1. 受事位于句首：受事＋施事＋动词＋时量/动量

这篇文章我看了三遍。

但是，如果受事是人，需要在动词后用人称代词再重复一次。如果受事是人称代词，不能使用这种句式。

我姐我妈说了她一顿。

※ 我姐我妈说了一顿。

我妈说了我一顿。

※ 我我妈说了一顿。

2. 被动句：受事＋让/叫＋施事＋动词＋时量/动量

我让我妈说了一顿。

3. "把"字句

使用被动句表示对受事不利，所以陈述事实时使用"把"字句或受事位于句首句式。像上面的例句：

你先把这事儿放两天，等老张回来再说。

这事儿你先放两天，等老张回来再说。

这里的"放两天"并不对"这事儿"构成不利，所以不能使用被动句。

§11 施事＋把＋受事＋一＋动词

到家，他把书包一扔，就出去玩儿去了。

他把脸一沉，说："出去。"

这种句式在"把"字句里是特殊的，因为它不是强调受事的变化，而是强调施事的主动性。对比：

他一咧嘴，哭起来了。

他把嘴一咧，哭起来了。

"一咧嘴"说的是"哭"的时候的样子，"把嘴一咧"是强调特意把嘴咧开。

§12 施事＋把＋受事＋给＋动词词组

插入"给"后，强调对某人产生了影响。（参见"助词"）

他把人给打了。

我把这事儿给忘了。

我把门给撞上了。

他把孩子给接走了。

§13 用｛给｝代替"把"

我第一次注意到这个句式，是十几岁住在南城亲戚家时。当时听到有人说："他给人打了"，我不懂是什么意思，便问到底是谁打了谁，回答是"他把人打了"。因为我家在东城，后来也间或听到这种句子，但不太多，也不太清楚"给"是否完全可以替代"把"字句中的"把"。

第二十一章
被 动 句

什么是被动句呢？就是句首出现了受事，而且用介词"让/叫"引出施事的句子。正如前面所说，北京话中，如果是指定的事物，就要出现在主语位置上。例如：

这件衣服我买了。

我们不把这类句子看成是被动句。

同一件事，既可以选择用主动句说，也可以选择用被动句说。例如：

小李把辞典借走了。

辞典让小李借走了。

在北京话中，选择使用被动句，一般强调对和受事有关的人或事物不利。

被动句的主要形式有两种：

1. 受事＋让/叫＋施事＋动词词组

照相机让我摔坏了。

他哥哥让汽车撞了。

他偷东西，让人抓住了。

字典让他借走了。（我现在没有字典，对我不利）

书包让他扔的河里了。

极少数的情况可以是对某人有利的。

他那病让一个江湖医生治好了。

电脑叫他弟弟修好了。

2. 受事＋让／叫＋施事＋给＋动词

加入"给"，加重语气，更强调对某人不利。例如：

他让警察逮住了。 他让警察给逮住了。

犯人让他放跑了。 犯人让他给放跑了。（对看守犯人的"他"不利）

花瓶儿让我砸了。 花瓶儿让我给砸了。

你那破书包让我扔了。 你给我那书包让我妈给扔了。

极少数的情况可以不是对某人不利的。

老太太让他给说乐了。

如果强调施事的主动性的话，有时"让／叫"可以不出现。

犯人他给放跑啦。

但这种句子我们不看作是被动句。

被动句中出现的动词要求是二项动词。因为被动句要求有施事、受事，所以一项动词不能出现在被动句中。

※ 让他走了。（使役句可以）

※ 叫它飞了。（使役句可以）

三项、小句动词很受限制。只限于非常强调对某人不利的情况下使用。

历史让他教了。（对某个人不利）

这事让他知道了。（对某个人不利）

能愿动词不能出现在被动句中。因为能愿动词后面只能是动词词组。

※ 说话让他懒得。

第二十二章
使 役 句

使役句就是让某人干某事，或致使某事物怎么样。句中用介词词组"让/叫~"引出被使役者。"让""叫"的用法是一样的，但"让~"的使用频率明显高于"叫~"。"让/叫~"后是动词或形容词。

§1 让/叫~ + 动词词组

§1.1 施事1（使役）+ 让/叫 + 施事2（被使役）+ 动词词组

1. 表示让某人干某事。施事1发出指令，命令施事2去进行某种行为、动作。

我妈让我买东西去。

他开门让我进去。

他让我给你打电话。

你姐叫你吃饭去呢。

动词词组前可以加修饰语。

你们头儿让你赶紧去。

让他先走。

让他慢慢儿喝。

让你快点儿写。

让你舒舒服服地坐一回车。

2.表示施事1（使役）致使施事2（被使役）得到某种结果。

他得罪我，我让他上不了班！

你不交作业，我让你不及格。

你不给我，倒让他白得了便宜。

在特定语境下，施事1可以不出现。

让您受累。

让我也沾沾光。

§1.2 事物＋让/叫＋施事＋动词词组

表示致使某人得到某结果。

这案子能让你倾家荡产。

这药能让人产生幻觉。

一不留神给删了，还得让我从（从新）写。

这一个月连轴儿转，让他都吐血啦。

§1.3 让/叫＋受事＋动词词组

"让/叫"后的名词是后面动词的受事。

你把那件事告送他爸，让他挨了一顿打。

下了一个月雨，让庄稼都泡了。

这们一来，让东西全毁了。

为了劝她，让我嘴唇儿都磨破了。

§1.4（事件/施事＋）让/叫＋事物＋动词词组

让某事物得到某种结果。

让这事儿过去吧。

你多少天不擦车了？让车都锈了。

你就懒吧，让屋子都成了猪窝。

让猫掉的坑里了。

§1.5（施事1+）让/叫+施事2+动词词组

只指出施事的行为会招致坏结果，但不说具体结果或还不知道是什么坏结果。

（我）让你不听话！

（谁）让你乱扔东西的。

让你吃凉的来着。

让你不早说的。

§1.6 在明确施事2（被使役）的情况下，施事2可以不出现

你怎么不去？——妈不让去。

谁让你吃的？——爸让吃的。

§2 让/叫～+形容词词组

§2.1 施事1（使役）+让/叫+施事2（被使役）+形容词词组

表示致使某人得到某结果。

我想让你高兴高兴。

别让他生气。

你让我安静会儿。

你别老让人心里不痛快。

§2.2 事物+让/叫+施事（被使役）+形容词词组

表示致使某人得到某结果。

你这事儿让我头疼死了。

他偷人东西，让他爸爸脸都丢尽啦。

听音乐能让人心情好。

屋子干净，让人瞅着就舒服。

§2.3（施事/事物＋）让/叫＋事物＋形容词词组

表示致使某事物得到某结果。

让屋子干净点儿。

把该扔的都扔了，让地方儿宽敞不少。

这们一来，让事情复杂了。

让天更蓝，水更绿。

§2.4 不直接说结果，暗示必然会引起某种结果

让你老马马虎虎的。

让你横来着。

让他先得意着。

谁让你这们乱的。

§3 使役句和被动句的区别

使役句和被动句都使用介词"让、叫"，那么如何判断一个句子到底是使役句，还是被动句呢？

1.既然被动句中出现的动词要求是二项动词，那么，如果出现一项动词、小句动词或形容词，则肯定是使役句。除了特殊语境下，三项动词也是使役句。（参见"被动句"）

我让他走了。

我妈让我哥教我英语。

他让我知道怎么做人。

让我也凉快凉快。

2. 如果是二项动词，"让、叫"前出现的名词不是受事，则肯定是使役句。

我让他喝了。（"我"不能是"喝"的受事）

这照相机让我花了半年的工资。（"照相机"不能是"花"的受事）

3. 如果"让、叫"后出现了两个名词，紧跟"让、叫"后的是动词的施事，另一个是动词的受事，则肯定是使役句。

我让他接孩子去。（"他"是施事，"孩子"是受事）

我让他把书还了。（"他"是施事，"书"是受事）

4. 如果"让、叫"前出现的名词可以是动词的受事，"让、叫"后出现的名词可以是动词的施事，那么，一般后面跟状态的，是被动句。

他让他弟弟打得牙都掉了。（被动句）

有些可能会引起歧义。例如：

他让他弟弟打过一回。

但在实际语言中，引起歧义的情况并不多。例如上面的例句，"他让他弟弟打过一回"，如果光听这句话，一般的理解是被动句，"他被他弟弟打过一回"，如果是"他"指使"他弟弟"去打人，则要说"他让他弟弟打过人一回"。

为了区别这两种意思，还可以使用"给"：

他让他弟弟给打了。

使用"给"后，就肯定是被动句了。

总之，使役句是发出指令让某人干某事，或致使某事物怎么样，也就是说，位于"让、叫"前的是施事，而被动句位于"让、叫"

前的是受事。

在表示希望的动词后，只能跟使役句。例如：

我想让你去。※我想你去。

我愿意让他上大学。※我愿意他上大学。

第二十三章
比 较 句

比较句指在两个或几个事物之间进行比较的句子。可以进行比较的只有形容词句。比较通常在两项中进行,但也可以是多项。

§1 两项比较

§1.1 基本比较句

§1.1.1 A + 比 + B + 形容词

"比"在北京话中有三种发音"比""{匹(pǐ)}""{品(pǐn)}"。

我比他高。

这苹果比那苹果甜。

他比你懂事。

他比他哥哥强。

§1.1.2 A + 比 + B + 表示形容的词组

他爸爸比县长都有势力。

他特有办法,比你有。

你比我有门路,帮帮我吧。

现在比以前有干头儿。

他比你会说话。

他比你能吹。

他妈比他爸心里有主意。

她妹妹比她眼里有活儿。

§1.1.3 比+时间词语+形容词

同一事物在不同时间的比较。

你比去年瘦了。

她比小时候儿漂亮了。

人比以前多了。

东西比从前贵了。

这生活情况呀，现在呀，比过去强了。

§1.1.4 两个事物在某一方面进行比较，为了语言简洁，后面的那个通常省略某方面

他房子比我（房子）宽绰。

你哥眼光比你好。

你说的比他们靠谱儿。

他手段比是人都毒。

§1.1.5 A+比+B+副词（表早晚）+动词（+时段词）/A+比+B+副词（表早晚）+（时段词+）动词

我比你先来。

你比他们早到。

我比你晚来。

你比他们早到十分钟。

我比你先来一天。

你比他们早十分钟到。

我比你晚一礼拜出院。

§1.2 基本比较句+程度

我比他高（一）点儿。

他比你大两岁。

你的字比从前好多了。

住平房呢，比住楼房要不方便多了。

你比他差远了。

这条路比那条路近不少。

这儿比地狱强不多。

你好好儿劝劝她，比闹出事来不强吗？

你这比人家的贵老鼻子了。

这比我的沉[得多]。

§1.3 形容词前加副词

形容词前可以加副词，但很受限制，一般只能是表程度和表确定的副词。"还、更、都、有"我们在下面两节谈。

§1.3.1 加表程度的副词

如果程度是"（一）点儿"，形容词前可以加表示少量的副词。

我们工资比他们稍微高一点儿。/我们工资稍微比他们高一点儿。

我们目前这个家庭的居住情况吧，也就比一般那个紧的稍微要强一点儿。

价钱呢，比一般的地方儿，稍稍便宜一点儿吧。

我这馒头比他的虚微大一点儿。

§1.3.2 加表确定或不确定的副词

那个居住情况，现在比先前确实好多了。

她现在真的比从前能干了。

他可能比我还糊涂呢。

她管么比我小一岁。

§1.4 单音节形容词后加"着",但一般出现在表示原因的分句中

他到底是比你大着两岁,知道怎么为人处世。

你比我跟他关系近着几分,好说话。

又搭着这绳子比你的细着一点儿,就折了。

你们家比他们家远着好几里呢,你就骑他车回去吧。

§1.5 基本比较句扩展式

§1.5.1 A+动词+得+比+B+形容词/A+比+B+动词+得+形容词

他跑得比你快。/ 他比你跑得快。

你干得比我好。/ 你比我干得好。

她长得比她姐姐好看。/ 她比她姐姐长得好看。

我吃得比你多。/ 我比你吃得多。

这两种句式意思一样,但似乎前面的句式更自然。

§1.5.2 A+动词+得+比+B+形容词+程度/A+比+B+动词+得+形容词+程度

他跑得比你快一点儿。/ 他比你跑得快一点儿。

现在这楼盖得比先前高多了。/ 现在这楼比先前盖得高多了。

他们这东西做得比以前强不少。/ 他们这东西比以前做得强不少。

他扔得比你远一米。/ 他比你扔得远一米。

这两种句式意思一样,但似乎前面的句式更自然。

§1.5.3 A+比+B+形容词+得+表程度高的词语

这店比那店贵得不是一点儿半点儿。

你们这比人家差得老鼻子去了。

人家比他们好得不是一句话就能说清楚的。

我比你胖得不止一圈儿。

§1.5.4 A+比+B+更/还/都+形容词

插入"更/还/都",意思是B本来已经程度很高了,但A更高。

他比你还高。

我妹妹比我跑得更快。

我妹妹跑得比我还快。

你现在做饭比你妈都强了。

如果是加入"还",句末可以加程度"(一)点儿"。"都"不行。"更"不自然。

他比你还高一点儿。

※ 他比你都高一点儿。

* 他比你更高一点儿。

我妹妹跑得比我还快点儿。

※ 我妹妹跑得比我都快点儿。

* 我妹妹跑得比我更快点儿。

§1.5.5 (A+)比+B+又+形容词(+程度)

插入"又",意思是B已经出现了某种情况,A又进一步。和插入"更/还/都"相比:

1. B不表示程度高。

你比他又强了。("他"不一定"强")

你做的饭比上回又好吃了。("上回"不一定"好吃")

2. 后面可以加程度。

你(今天)比那天又胖了一点儿。

这回比上回又干净了好多。

这孩子比去年又懂事儿了不少。

他比生病前又轻了十斤。

§1.5.6 复数名词+一个比一个+形容词

他们组的人一个比一个精。

他们家人一个比一个难缠。

他们家四个姑娘，一个比一个水灵。

我们组的人一个比一个能干。

§1.5.7 复数名词+一个比一个+动词+着+形容词

那些演员一个比一个赛着漂亮。

他们家女婿一个比一个透着精明。

我们组人一个比一个显着能干。

他们家人一个比一个比着不讲理。

§1.6 以上比较句的否定式

§1.6.1 A+没/没有+B+形容词：A＜B

我没她高。

他哥没他聪明。

他没你跑得快。

他跑得没你快。

这种否定句有两个限制：

1. 形容词要求是程度高的、意思好的。例如：

他没你高。

※ 他没你矮。（如果认为"矮"是好事，则可以说）

这没那好吃。

※ 这没那难吃。

2. 表示A、B两项都程度高时，不能插入"更/还"。例如：

※ 他更/还没你高。

"他更/还没你高"可以说，但是此处的"更/还"不是"高"的比较，而是"再加上"的意思。例如：

他长得难看，人品更没你好。

3. 插入"还"，也可以表示B已经程度浅或不好了，而A更不好。例如：

这个还没那个好吃呢。

意思是"那个"已经不好吃了，"这个"更难吃。

§1.6.2 A + 不比 + B + 形容词：A ≤ B

他的水平不比你高。

他的理解力不比他爸爸差。

"不比"也可以是"一样"，所以，使用"不比"比"没/没有"语气缓和，而且形容词没有程度、褒义贬义限制，也可以插入"更"：

他不比你聪明。

他不比你傻。

这个不比那个好吃。

这个不比那个难吃。

这个不比那个更好吃。

这个不比那个更难吃。

§2 两项以上比较

1. 和/跟 + A + 比/比起来，B + 形容词词组（用于两项比较也可以）

和北京、天津比，这儿一点儿都不热。

跟你和他们比,我差远了。

跟去年、前年比,今年还行。

跟这儿比起来,我们那儿差远了。

2. 比起……(来),B+形容词词组

祖孙三代就算一间房吧,十几米,比起人家那个两三口儿人住一大单元的简直差远了。

一百四五十块钱了,也不少了,比起人那服务性行业来,那就差远了。

比起我哥哥、嫂子,人家可是强百倍了。

比起夏天和冬天来,我更喜欢秋天。

§3 比较项只出现一项

有时,如果对方已经知道两个或多个比较项是什么,则说话人只说自己更在乎的一项。

§3.1 A+形容词

形容词单用时,有比较的意思。一般重音在 A 上。

'这个好。(这个比别的好)

'他不错。(他比别人好)

'妈做的好吃。

'你照的这张好看。

§3.2 A+动词+得+形容词

重音必须在 A 上,如果不在 A 上,是一般陈述,没有比较的意思。

'他跑得快。

'你照得好看。

'他唱得好。

'你说得明白。

§3.3 A+更+形容词

这个更好。

他更高。

我姐姐做的更好看。

我们那儿的更好吃。

§3.4 句后有表示程度的词语

我这个好吃点儿。

几天不见,你又瘦了好多。

他做的可强多了。

这方面,你可差远了。

§4 和现在的情况或期待的状况相比

形容词+点儿

§4.1 目前的状况

水凉点儿。

这件儿小点儿。

这条路近点儿。

那条路远点儿。

§4.2 期待出现的状况

有小点儿的吗?

水再热点儿。

字再清楚点儿。

声儿再大点儿。

§4.3 在形容词和"点儿"之间可以加上"了"

§4.3.1 表示不如意的情况

水凉了点儿。

这件儿小了点儿。

这条路远了点儿。

这个菜咸了点儿。

§4.3.2 表示情况发生了变化

现在暖和了点儿。

今天轻快了点儿。

心里痛快了点儿。

头疼好了点儿。

§5 事物之间相似度的比较

事物之间相似度的比较，是用句式来表现的。介词用"跟、和"，"跟"最常用，后面加上表相似度的词语。可以是相同事物，也可以是不同事物。因为可以是不同事物，所以经常用于比喻。

§5.1 A + 跟/和 + B + 表相似度的词语"是的/一样/不一样/差不离儿/差不多"等

他这臭脾气跟他爸爸一样一样的。

脸盘儿、身量儿都和你差不多。

他这性子跟炸药一样，一点就着。

屋里的布置和城里人不一样。

§5.2 A+形容词/动词+得+跟/和+B+表相似度的词语

脸白得跟纸是的。

身上烫得跟火炭是的。

他逃得跟兔子是的。

他滑得跟泥鳅一样。

他们俩好得跟亲兄弟一样。

§5.3 A+动词+得+跟/和+B+一样+形容词

他逃得跟兔子一样快。

孩子烧得跟火炭一样烫。

他写得跟他爸爸一样好。

这照得跟摄影师一样棒。

§6 A+比得上/比得过/赶得上/比得了+B

否定式：A+比不上/比不过/赶不上/比不了+B

用"比得上/比得过/赶得上/顶得上/比得了"意思是A的程度和B相等。否定式"比不上/比不过/比不了"比肯定式"比得上/比得过"更常用。

你这字赶得上你爸爸了。

我再怎么努力，也比不上她。

这个别的城市，北京肯定比不了人家。

他才来两个月，就顶得上老职工了。

第二十四章

祈 使 句

祈使句是指让对方干某事的句子，可以是命令、请求等等。

§1 命令。通常没有语气词

你走！
出去！
马上送来。
快说！

§2 带语气词，表示各种语气（参见"语气词"）

吧：比起命令来，语气缓和得多，有时有商量的语气，也是使用最广泛的祈使句。
你走吧。
带我去吧。
再吃点儿吧。
放桌儿上吧。
啊：表示叮咛。
好好儿写啊。
把这个给他啊。

跟他说啊。

别忘了啊。

欸：表示提醒。

走欸，发什么愣呢？

快点儿吃欸，要不然迟到了。

想着点儿欸，别忘喽。

轻点儿放欸。

啵：表示无可奈何的语气。

走啵，再求他也没用。

扔了啵，没法儿用了。

等着啵，急也没用。

求他啵，也没别的法子了。

喽：

1. 表示即将开始。

走喽，走喽。

干活儿喽。

开会喽。

上车喽。

2. 表示重视结果。

把这扔喽。（扔喽，就没了）

饭你都吃喽。（把饭吃光）

你想好喽。（想好有什么结果）

洗干净喽。

着：表示命令。但是能出现在这种句子中的动词非常少。

听着！

看着！

伙计们，动弹着。

大家伙儿，活动着。

§3 形容词+点儿

客气点儿。

走快点儿。

慢着点儿。

做好吃点儿。

"形容词+点儿"在动词前后的区别。

一般来说，在动词前是动作还没进行，有时也可以是进行中，而在动词后，是动作已经进行。

慢点儿走。（一般还没"走"，也可以正在"走"）

走慢点儿。（正在"走"）

第二十五章

疑 问 句

北京话的疑问句按形式可以分为六种：

1. 句末加语气词。（语气词问句）

2. 肯定式+否定式。（反复问句）

3. 在几项中选择。（选择问句）

4. 句中有疑问词。（疑问词问句）

5. 句末语调上扬。

6. 句末有表示疑问的词语。

下面我们分别说明。

§1 句末加语气词

§1.1 吗

表示一般的询问。

你去吗？

他是老师吗？

好吃吗？

你看电视呢吗？

他走了吗？

§1.2 啊

表示确认。

你认识他啊?

你觉得好吃啊?

你看电视呢啊?（"呢啊"经常合并为"呐",也写作"哪"）

他走了啊?（"了啊"经常合并为"啦"）

§1.3 呢

1. 询问事物所在的地方。

钥匙呢?（钥匙在哪儿?）

王老师呢?（王老师在哪儿?）

我手机呢?

感冒药呢?

询问所在地方,可以移动的人或物才用"呢",不能移动的事物不能用"呢",只能用"表处所介词＋哪儿":

图书馆在哪儿? ※ 图书馆呢?

车站在哪儿? ※ 车站呢?

2. 接着上文询问。

A:今儿有雨。　　B:明儿呢?

A:他想吃涮羊肉。　B:你呢?

A:我不吃辣的。　　B:麻辣的呢?

A:红的不好看。　　B:绿的呢?

3. 询问意见,表示"在这种情况下,怎么样"。

我要去呢?

他不知道呢?

火车误点了呢?

他要正吃饭呢呢?（前一个"呢"表进行，后一个"呢"表疑问，两个"呢"经常合并为一个"呢"）

§1.4 吧

1. 表示推测。

你是北京人吧?

他到家了吧?

你不吃辣的吧?

你妹妹也挺好看的吧?

2. 询问意见。表示"怎么样"。

你不去的话，让他去吧?

晚上吃炸酱面吧?

太贵了，别买了吧?

我把它扔了吧?

§1.5 哈

希望对方证实或同意自己的意见。

你不知道哈?

那会儿我睡了哈?

他不爱吃辣的哈?

这挺好吃的哈?

§2 肯定式 + 否定式

§2.1 动词词组 / 形容词 + 不 + 动词词组 / 形容词

你热不热?

你去不去?

这苹果好吃不好吃？

你听得懂听不懂？

你在家干不在家干？

§2.2 动词＋受事＋不＋动词

如果句中动词有受事，则否定式在句末。

你认识他不认识？

他是你哥哥不是？

你吃辣的不吃？

你想吃涮羊肉不想（吃）？

北京话中没有"动词＋不＋动词＋受事"的句式，例如"※你吃不吃饭？"但是，年轻人已经开始说"是不是……"了。

[这事儿是不是你干的？]

[你是不是当过老师？]

如果动词前有修饰语，一般不用这种句式，不是绝对不可以，而是很少用，而且听起来不自然。

＊你马上来不马上来？

＊你们都来不都来？

在这种情况下，使用句末加"吗"的形式更自然。

你马上来吗？

你们都来吗？

§2.3 问已经发生的情况

1.句中用"没"代替"不"。

你去过哈尔滨没去过？

你写完作业没写完？

他走了没走？

你衣裳洗干净没洗干净?

2.句末用"没有"。这也是最常用的句式。

你吃过牛油果没有?

他走了没有?

你把衣裳洗干净了没有?

这事儿他告送你了没有?

§3 在几项中选择,多数情况下,是两项(参见"复句")

§3.1 两项并列

今天?明天?

你去?我去?

§3.2 句中用"(是)……还是"

你(是)去,还是不去?

你(是)想坐飞机去,还是想坐火车去?

今天走,还是明天走?

他是老大,还是老二?

§3.3 句中用"要不(然)"。前面一项为说话人第一选择,如果听话人不赞成,"要不(然)"后为第二选择。"要不"比"要不(然)"用得多

你去,要不我去?

我懒得做饭了,咱吃方便面吧,要不然上外边儿吃?

我累了,明儿再干吧,要不礼拜天?

坐地铁去吧，要不打车？

§3.4 句中用"也不（是）……"。表示自己不确定，通常只用于回想，并不要求对方回答

他去的，也不你去的？

我记不清楚了，那天是礼拜六，也不礼拜天？

他是老大，也不老二？

我搁抽屉里了，也不是搁柜子里了？

§4 句中有疑问词（参见"代词"）

他是谁？

你想吃什么？

你上哪儿去？

哪儿卖电池？

你多咱来的？

咱们怎么去？

询问已经发生过的事情，有两种方式：句末加"了"或加"的"。"……了"和"……的"在意义上是对立的，下面我们分别论述。

§4.1 "怎么……了"和"怎么……的"

"怎么"有两个意思，表原因和表方式。表原因时，句末用"了"；表方式时，句末用"的"。

你怎么回来了？——我忘了带钱包儿了。

他怎么生气了？——嫌我吃饭没叫上他。

你怎么迟到了？——路上堵车。

怎么没电了？——忘了买了。

你怎么回来的？ ——坐地铁回来的。

你怎么知道的？ ——他告送我的。

你怎么把她说通的？ ——将心比心，晓之以理，动之以情。

这菜你怎么做的？ ——照菜谱做的。

§4.2 "谁……了"和"谁……的"

1. "谁……了"的焦点是放在施事上，"谁……的"的焦点是放在受事上。

谁生了？（谁生了小孩儿？）

谁生的？（孩子是谁生的？）

谁买了？（谁买了手机？）

谁买的？（这手机是谁买的？）

这件事儿谁知道了？

这件事儿谁告送你的？

真相谁看出来了？

真相谁看出来的？

因此，没有受事的动词不能出现在"谁……的"中。例如：

※ 谁死的？

※ 谁哭的？

※ 谁走的？

※ 谁来的？

2. "谁……的"是知道某种行为动作后的发问。

（1）通常有一种追究的语气。

谁洗的？都没洗干净。

谁吃的？满地都是渣。

谁写的？句子都不通。

谁把她轰走的？

（2）通常有一种惊奇的语气。

谁画的？画得太棒了。

谁写的？赶上书法家了。

谁做的？太好吃了。

谁把她哄高兴的？

"谁……了"只是一般的询问，也不一定是看到某种结果后的发问，例如："谁买手机了？"发问时不知道有没有人买手机。前面经常可以加"都"，例如："都谁买手机了？"因为"买手机"的人可以是复数。但"谁……的"前不能加"都"，因为通常只指向一个人。

3. 如果"谁……的"中的动词受副词修饰，可以没有受事。

（1）表示追问。

谁先咳嗽的？

谁最后出去的？

谁这们钻出去的？

谁那们来的？

能够出现在这种句式中的副词很受限制，常用的只有"先、后、这们、那们"几个词。

（2）表示质问。

谁死乞白咧让我来的？

谁上赶着追人家的？

谁一个劲儿地吓唬人家的？

谁没完没了说人家的？

§4.3 "哪儿……了"和"哪儿……的"

用疑问词"哪儿"的句子有两种：一种是问动作行为发生的处所，

以及人或事物出发地；一种是问人或事物运动的目的地。

§4.3.1 哪儿……的

1. 问动作行为发生的处所。

你哪儿吃的饭？

你在哪儿打的电话？

这本儿书你哪儿买的？

你待哪儿看见的？

2. 问人或事物出发地。

你解哪儿来的？

你从哪儿借来的？

你从谁那儿知道的？

你从哪儿看出来的？

§4.3.2 哪儿……了

1. "哪儿……的"必须有施事，或可以补出施事，如果补不出来，就要用"哪儿……了"。

哪儿地震了？

哪儿发大水了？

哪儿着火了？

哪儿下雨了？

2. 如果是问人或事物运动的目的地，用"哪儿……了"。

你放哪儿啦？

你上哪儿去了？

东西你寄到哪儿了？

上回说到哪儿了？

§4.4 时间疑问词……的

表询问时只用"时间疑问词……的",表示反问时用"时间疑问词……了"。

你什么时候儿买的?

你多咱知道的?

你几儿来的?

你哪年结的婚?

我什么时候儿说了?(反问。等于"我没说")

§4.5 多儿钱……的

只有"多儿钱……的",没有"多儿钱……了"。

多儿钱买的?

多儿钱卖的?

※ 多儿钱买了?

§5 句末语调上扬

表示怀疑、惊奇。

他是你弟弟?

你没上过大学?

你不认识他?

他说他不认识我?

§6 句末有表示疑问的词语

你知道这件事,哈?

你没想到，是吧？

你别理他不喷？

他想反了不成？

……也不是

这是谁干的也不是？

他回来了没有也不是？

明天下雨不下雨也不是？

前年还是去年也不是？

§7 反问句

反问句是用疑问句的形式表示相反的意思。和一般叙述句相比，反问句有强烈的感情色彩，表示出对听话人的不满。

§7.1 "不是/是……吗"

不是你想去的吗？（是你想去的）

她不是你妹妹吗？（她是你妹妹）

这是他干的吗？（不是他干的）

是我让你来的吗？（不是我让你来的）

§7.2 句末加"不成"

你还吃了我不成？（你不能吃了我）

还开除他不成？（不能开除他）

你不想过了不成？（你还是想过的）

这难道还好吃不成？（不好吃）

§7.3 肯定式+否定式，重音在肯定式

他'是你哥哥不是？（他是你哥哥）

你'姓张不姓？（你姓张）

你'看了没看？（你看了）

你'迟到过没有？（你迟到过）

§7.4 "谁……了""哪儿……了/过""时间疑问词……了/过"表示否定

谁说了？（没说）

哪儿说了？（没说）

多咱说了？（没说）

我哪儿说过？（没说过）

我什么时候儿说过？（没说过）

§8 设问句

设问句是自问自答，经常用于因果句，先说结果，然后问为什么会发生这种结果，最后说原因。

我今儿又晚了。它怎么？堵车呀。

我先前还嘱咐他，后与儿也不说了。它怎么？没用啊。

现在老人摔了，都没人敢扶了。[为什么？]怕讹上他呀。

现在那菜能放一个礼拜都不坏。[为什么？]有防腐剂呀。

§9 "肯定式+否定式"和"……吗"的区别

从现有资料看，"肯定式+否定式"产生于湖北、河南一带，向

四周扩散。"……吗"句式是古代"……否定词"疑问句式和北方阿尔泰语系语言产生碰撞后产生的,从北向南扩散。北京处于北方,所以主要使用"……吗",在质问、追问时使用"肯定式＋否定式"。例如:

你说不说?(审讯犯人时)

你到底去不去?

在日常会话时,用"……吗"更有礼貌。

第二十六章
复 句

复句是由几个分句组成的一个大句子，各分句之间都有意义上的联系，例如因果、并列、转折、假设等等。如果有连词，则很容易判断它们意义上的联系，但在北京口语中，往往不使用连词。那么，如何判定一组句子是否是复句呢？如果是复句，分句之间的意义又是靠什么联系的呢？我们发现，复句中几个分句之间的意义联系，主要靠"意合"，即只给出了两种情况，由听话人自己推断出这两种情况之间的联系。例如：

就因为你自己不注意，你好了，又恢复到以前，好家伙，看电脑看手机，就这一通折腾，又去蒸桑拿，这一蒸，那最冷的天儿蒸桑拿，这桑拿屋跟外界气温差好几十度，这眼睛血管儿一下儿受不了了，本来就脆，这一下儿就崩了，崩了就出血了，就碎了，说你要不蒸啊，可能还没事儿就。

我们按照停顿标了逗号，则这个复句一共有 17 个分句。各分句之间都有关系，"就因为你自己不注意"是原因，"你好了，又恢复到以前，好家伙，看电脑看手机，就这一通折腾，又去蒸桑拿"是"不注意"的具体表现，"这一蒸，那最冷的天儿蒸桑拿，这桑拿屋跟外界气温差好几十度"是前一分句"蒸桑拿"时的具体情况，又是后一分句"这眼睛血管儿一下儿受不了了"的原因。"这眼睛血管儿一下儿受不了了"是前一句的结果，又和"本来就脆"成为下一分句"这一下儿就崩了"的原因。"就出血了，就碎了"是"崩了"

的具体表现,"可能还没事儿"是"注意"和"不蒸桑拿"两个的结果。各分句之间,只出现了两个连词,"因为"出现在句首,表示整个句子的原因,"要"在连接两个分句"你要不蒸啊,可能还没事儿就"中表示假设。"因为"去掉,也不影响意思的理解。

所以,在北京话中,连词并不是最重要的,复句中几个分句之间的意义联系,主要靠"意合",即只给出了两种情况,由听话人自己推断出这两种情况之间的联系。

"他病了。""我陪他上医院。"是两个单独的事件,但连在一起说:"他病了,我陪他上医院。"就有了意义上的联系。一般听话人的推断是"因为他生病了,所以我陪他上医院"。

如上面所举出的例子,北京话中的复句经常是一长串分句,一个分句既是上一分句的结果,也是下一分句的原因,既可能递进,也可能转折,一层意思套一层意思,所以,我们尽量先从最基本的两个分句开始研究,两个分句不足以说明分句之间的联系时,再增加一些分句,以确保可以理解整个复句的意思。

我们的研究从两方面入手,使用连词和不使用连词的。

§1 假设

什么是假设呢?就是没发生的情况,假设它会出现。这里面又分三种情况:

§1.1 事件还没有发生。假设如果发生了,就会出现下一个分句所表现的结果。可以有以下几种表现手法

§1.1.1 使用连词"要是/要、回头、……的话、万一"等

她要是/要病了呢,你得伺候她。

咱还是立个字据吧。回头你不承认,我找谁去呀。

你上食堂的话,给我带俩馒头。

晚回来的话,给我打电话。

你冷的话,就把窗户关上。

他来的话,让他等我一会儿。

你要是不信的话,问你姐姐去。

万一把钱包丢了,本儿里还夹着一百块。

带着伞吧,万一下雨呢。

§1.1.2 不使用连词

处得好好,处得不好,娶了大姨儿,回头亲戚也不亲啦。

没事儿,上姆家去。

你走,把门带上。

你不说,他就不知道。

§1.2 表示一般情况。如果出现前面的情况,自然就会出现后面的情况

§1.2.1 使用连词"要是/要、……的话、搁、就"等

要是/要下大雨,这儿就得淹了。

迟到的话,扣你工资。

要是天儿不好的话,就别出去了。

搁咱们,看见那老太太摔倒了,得赶紧给她搀起来。

§1.2.2 不使用连词

你嘴跟不上,人根本不理你。

你干不了智力的,你能干体力劳动啊。

你半截儿去的呢,人家不管分。

你说,肯定行。

§1.3 过去没有发生的情况。假设的情况和真实发生的事件不一样，结果也和现在的真实情况不一样

§1.3.1 使用连词"(要是/要、……的话)，……就""(要是/要……的话)，……也""(哪么)……也"

人家(要是/要)不给我搀起来，那我肯定就得在那儿歪着呗！(事实是：人家把我搀起来了。)

她(要是/要)不愿意的话，也不能嫁给他。(事实是她愿意)

我不管你的话，你能活到现在吗？（事实是我管你了）

你早这们上心(的话)，孩子也不至于跟你不亲。(事实是你以前不上心)

(哪么)你提前跟我说一声儿，也好啊。(事实是你没提前跟我说)

§1.3.2 没有连词

告送，让她心里不舒服，我就没告送她。

你不想给我，别给呀，干嘛给我一假的呀。

不做手术，今天没啦，我还活不活啦？

你不告送她，她还以为那边儿后门儿硬呢。

§1.4 小结

1. 所有连词都可以取消，意思不变。

2. "要""要是"都可以和"……的话"搭配。

3. "要/要是""……的话""要/要是……的话"，意思一样，使用人群略有不同。我家主要使用"……的话""要/要是……的话"，但其他人使用"要是"最多。

4. "回头""万一"只用于将来。"搁"一般用于一般情况。"哪么"用于过去没发生的情况。

§2 因果

§2.1 前一分句说原因，后一分句是自然引出的结果

§2.1.1 使用连词"因为、所以"等

因为你可能在国内待的时间也短，不特别觉得那什么。

因为心一软，就答应了。

因为现在外边儿净出事儿的，所以出去谨慎一点儿。

她夹菜夹不上来，所以呢，他都给她夹。

"因为""所以"在北京话中一般单用，很少在一起用。

§2.1.2 不使用连词

今天是礼拜天，人少点儿吧。

院长开会呢，得等。

他老伴儿去世，她就成外单位的了，就得收她暖气费。

儿媳妇儿给你们家续香火呢，给你们家传宗接代呢，生出来姓张，我不伺候。

吃了睡，睡了吃，这肚子一下儿就鼓起来了。

她可厉害着哪，不好惹，你可得跟人家说清楚喽。

我了解她们俩人品，不可能干这事儿。

§2.2 前一分句先说结果，后一分句补充原因

§2.2.1 使用连词。"因为、……来着、所以"

你问错人了，因为我完全不知情。

我不想去，上礼拜我跟他闹别扭来着。

老师让请家长，因为他欺负同学来着。

所以你得先说，不能让他恶人先告状。

§2.2.2 不使用连词

您别出去啦，下雪，外边儿滑。

不想出国玩儿，语言不通，而且净出事儿。

小叔子打他嫂子，嗔着她说话跟他妈带"他妈的"了。

他就愿意贫困，贫困国家可以给钱。

§2.2.3 先说结果，然后用"它怎么""[为什么]"等表设问，引出原因

她不能管钱啦。你说为什么？给她二十块，让她买十块钱的肉馅儿，买两块钱的面条儿，你应该找回八块钱来吧，结果呢，找回三块来，那五块钱就不知道哪儿去啦。

过去老说老字号，为什么？老字号的东西就是跟别人不一样。

同学情是最无私的。为什么这们说呢？同学没有利益关系。

孩子教育不好，它怎么？外头大环境都这样儿。

只要死缓，他就有希望出来。怎么说呢？他有钱啊，有钱就可以买出来。

雇了一包工队，给他挖地下室。挖地下室干什么？就是为了给他藏钱不是吗？

§3 选择

从两项或多项中选择一项。

§3.1 疑问句。选择句大多数是疑问句（参见"疑问句"）

§3.1.1 使用连词"还是、要不、要不然"等

你是三十四、三十五，还是三十六？

你说吧，要不我说？

上博物馆吧，要不然上植物园？

用于回想。"也不"。

他送人一汗衫，也不一头巾呀？

§3.1.2 不使用连词

你用日语讲课呀，汉语讲课呀？

咱打车去呀，开车去呀？

在这儿买的，在日本买的？

你想喝凉的，热的？

§3.2 非疑问句

§3.2.1 使用连词"不如""宁可/宁愿……，也不……""不是……，就是……""还是""要不"等

坐公共汽车，那还不如走着。

有叫外卖的，不如自己做。

宁可一辈子不结婚，也不嫁给他。

宁愿扔了，也不给他。

这事儿没商量，不是开除你，就是开除他。

他就是个病秧子，一年到头儿不是发烧，就是拉肚子。

你同意还是/[或者]不同意，快给个意见。

要不[或者]你去，要不[或者]我去，反正得去一个人。

§3.2.2 不使用连词

上午、下午，都行。

大的、小的，你挑一个。

已经这样儿了，说不说都无所谓了。

坐车去，开车去，你倒是快点儿说啊。

§4 转折

转折可以说是跟因果相反。因果是由于某一原因、事件,而自然引起的某种结果、事件。如果没有自然地得到某种结果,就是转折。也可以说,因果是两个分句的顺接,转折是逆接。

§4.1 结果不是预料的

§4.1.1 使用连词"可/可是、但是、就是、虽说"等

东西不错,可/可是贵了点儿。

钱不少拿,但是你干事儿了吗?

我身体还挺好的,就是这眼睛不好。

虽说叫姨姥姥,可才比我大一岁。

虽说是三十多年没见,但是一眼就认出来了。

[虽然]你不说,我也明白。

§4.1.2 不使用连词

他们家倒踏实啦,给咱们家找多大麻烦啊。

现在倒拿钱多了呢,有那干劲儿吗?

我看不见这小的,我能看大的。

工人拿不着工资,拿不着钱,工会也不言语啊。

§4.2 结果跟预料相反。使用连词"倒、反倒"

我带着工资给他们当保姆,临了儿倒成了仇人了。

他年轻那会儿是病秧子,这老了,身体倒好了。

一给他好脸儿,他反倒来劲了。

吃了药,反倒更烧了。

§4.3 假设转折。使用连词"(就是、就算、就……),也"等

就算给我金山银山,我也不能出卖良心。

我就是饿死,也不求他。

你就把这房子给他,他也不念你的好儿。

打死也不能低头。

§4.4 让步转折

前一个分句认可一种事实,后一个分句指出相反的方面。

1. A 是 A,可/可是/但是/就是/可就是……

便宜是便宜,可/可是/但是/就是/可就是太沉。

好吃是好吃,可/可是/但是/就是/可就是太贵了。

他这人浑是浑,可/可是/但是对你不含糊。

聪明是聪明,可/可是/但是/就是/可就是不会为人。

"就是""可就是"后面只能是不好的方面。

※ 他这人浑是浑,就是对你不含糊。

※ 贵是贵,就是东西不错。

2. 是……,可/可是/但是/就是/可就是……

我明天是不上班,可是我已经答应我妈陪她买东西去了。

我是听不懂,可我看神色也知道他是什么意思。

这东西是不错,就是太贵了。

这地方美是美,可就是交通太不方便。

3. ……不错

长得好不错,人品太差。

是你姐姐不错,也没义务给你买房。

他有钱是不错,可对你不好。

这房子价钱、地点合适是不错，就是没电梯。

4. 倒是/倒……，可/可是/但是/就：先承认好的一面，再指出不好的一面。

东西倒不贵，可不好看啊。

天儿倒是不冷，就是风大。

他人倒不错，就是长得困难点儿。

路倒是不远，可都是土路，不好走。

5. 至少、起码：表示最低限度。

你就把你爸爸当仇人，不理他，至少也得让他知道你在哪儿啊。

你就没钱送礼，至少也得露露脸儿来吧。

他就是再不懂礼，起码叫人得知道吧。

你再不待见他，也起码给个笑脸儿啊。

6. 别说、甭说、慢说：承认事实，但是不让步。

别说下雨，就是下刀子也得去。

甭说是假的，就是真的我也不买。

慢说是你，就是你爷爷求我，也不成。

§5 并列

并列句是由两个或多个语法地位相等的分句组成。

§5.1 使用连词"又……，又……""一边……，一边……""不是……，（而）是……""只能……，不能……"等

又想马儿跑得快，又想马儿不吃草，哪儿有那好事儿。

一边儿嗑瓜子儿，一边儿看电视。

她不是不想说，而是她不会说。

您偷着吃糖，您不是骗我，您是骗您自个儿哪。

只能赢，不能输。

只有你欠他的，没有他欠你的。

大姨儿不是家庭妇女型儿的，那是离休干部型儿的。

现在说制定政策，不是为老百姓，都是为他们这层服务的。

§5.2 不使用连词

不知道怎么回事儿，有时摁了就行，有时摁了就不行。

反正有的人呢，就行，有的人就不行。

我干这工作，好人不爱干，怂人干不了，我收费呀。

你得晓之以理，再一个你得打动他。

我想帮助她，她不让帮助。我想去看她，她不让我去看她。

凭什么他们名人有传，老百姓就没传呀？

去年涨三百多，今年涨二百多，越涨越少。

§6 说明

后面分句是对前面分句的说明。通常，说明部分是几个分句：

这人你可能没见过，大高个儿，有点儿跟荣毅仁是的，特别斯文，一看就是有知识有文化的，不像现在这老板是的，野调无腔的，不是，一看就是有文化的、特别斯文的人，他书法特别好，东四百货商场那字儿，就是他题的。

你记得咱挖防空洞的时候儿，挖出好多铜钱儿来？那就是老松竹布店的。

她是哪儿的？辽宁的，小时候儿十几岁就让她嫂子给带出来了。带出来以后呢，就跟那四野，从东北一直打到海南岛。后来解放以后，因为她文化低不是吗，就给她转业到商场来了。

女婿倒是孝顺，一赶休息就瞧老两口儿来，带着吃的喝的，一大兜子。

所谓说明，就是用分句来说明前面提到的事物的具体情况，就像英语中的定语分句。在北京话中，没有长修饰语，如果有一长串的修饰语，要放在主句后，例如上面例句中的"大高个儿，有点儿跟荣毅仁是的，特别斯文，一看就是有知识有文化的，不像现在这老板是的，野调无腔的，不是，一看就是有文化的，特别斯文的人"，是说明"这个人"的。

§7 递进

递进的后一个分句是强调进一步说明，所以必须使用连词"还、[而且]、不光、非但"等。

他找着工作了，还是一大公司。

不光哄他们玩儿，还给钱。

他非但不管我，还满世界说我坏话。

他做错了账不说，还上头儿那儿给我使坏。

有一个血象，就是癌的血象，高，而且吧，还是最不好的那种，叫什么小叶儿肺癌那种。

如果不用连词，就无法显示出是进一步说明，例如："他找着工作了，而且好像还是一大公司。"删去连词"而且""还"，成为"他找着工作了，好像是一大公司"便没有进一步说明的意思，"好像还是一大公司"只是对"工作"的说明。

§8 条件

条件复句其实也是因果复句的一部分,只不过前一分句指出条件,后一分句是在这种条件下产生的结果。条件复句必须有连词"(只有)……,才""(自(zí)要/自(zí)/[只要])……,就……""甭管/不管/不论……,都……""一……,就……""除非""也""都""就"等。

只有他爸,才镇得住他。

见着你,她才有点儿笑模样儿。

自要/自工作,就有饭吃。

能动,就动。

甭管怎么样,初中一毕业,到时候儿都给你分配工作。

不管你喜欢不喜欢,都得谢谢人家。

不论是谁,都不能不讲理。

除非你有急病,要不然不给你挂号。

没户口本儿,不给你挂号,除非你有急病。

再苦,也得把孩子拉扯大。

一下暴雨,这儿就淹啦。

他让你吃,你就吃。

凭他是谁,都得守法。

你唱红脸也好,唱白脸也好,反正得把他请来。

跟谁打交道,也不能跟她这种人打交道。

发现严重的,多少,你都得毙。

多儿钱,都得买。

再难,也得撑下去。

§9 目的

后面分句说目的，其他分句说为了实现这个目的而采取的行动。

§9.1 使用连词"为的（是）、为了、好、省得"等

我把饭做好喽，为的让他早点儿吃，早点儿睡。

为什么愿意退休啊？为的是这边儿拿退休金，那边儿再干一点儿，补差。

退休以后，他又给人看大门去了，好多挣点儿钱。

老伴儿死了，她自个儿说去养老院，为了不给儿女添麻烦。

你得把这事儿跟他说清楚喽，省得以后麻烦。

§9.2 不使用连词

你说话，就得让人家听得懂。

拿勺儿，好扛菜呀。

请我吃饭，其实就是想跟我说这事儿。

搁那盘儿里，别占盆儿啦。

§10 总结

最后一个分句是对前面分句所给出的事件、行为进行总结。一般没有连词。

不露面儿，不傍茬儿，你还打算跟人家过不跟人家过啊？

没钱交，给税务局写欠条，这叫什么事儿？

你说你查我这儿，搬的那儿，拆东墙补西墙。

现在都不种粮食了，都种树。是，美化了，明儿都喝西北风儿去啊？

又是拿点心，又是倒茶，那份儿热情就别提啦。

§11 承接

承接是一串分句，按照时间顺序，连接在一起。

馒头粉和包子粉，就不用搁发面，也不用搁起子了，直接一和，它自己就发啦，直接蒸，就完了。

她11号来，31号回怀柔，然后那边儿一块儿出车接去，接回来住他们家，然后，第二天上宾馆，从宾馆再接他们那儿去。

他们不相信这个，后来就上协和，协和也这么说，又上肿瘤儿，肿瘤儿也这么说。现在正看中医呢，先控制吧。

东四商场的前身儿是松竹布店，之后才改成百货公司，一开始，叫东四百货公司，完了以后，这才改成东四百货商场的。

§12 时间

表时间的分句通常在前面，说明后面的动作、行为发生的时间。

§12.1 正……呢：一个动作、行为正在进行中，发生了另一个动作、行为、事件。不能用于将来

正说着呢，他来了。

正等车呢，下雨了。

那会儿我正看电视呢，没听见敲门。

那当儿他正失业呢，人家给他介绍了一个工作。

※ 明天我正看电视呢，他来了。

§12.2 ……的时候儿：使用范围最广泛，可以跟在任何可以说明时间的词语后，说明时间

天刚亮的时候儿，刮起大风来。

我上小学的时候儿，特喜欢数学。

明天这时候儿，他已经到南昌了。

吃饭的时候儿，别说话。

不高兴的时候儿，听听相声。

§12.3 说着：可能是在说话进行中，也可能是在说话后

说着，他转身走了。

说着，掏出5块钱来。

说着，把门关上了。

说着，就听门外一阵嚷嚷。

§12.4 正这儿说着：正在说话的时候

正这儿说着，他回来啦。

正这儿说着，打雷了。

正这儿说着，就听外边儿救火车响。

正这儿说着，医院来电话了。

§12.5 说着话儿：在说话当中不知不觉发生了另一件事

说着话儿，天就黑下来了。

说着话儿，湿衣裳就烤干了。

说着话儿，就到家了。

我们这儿说着话儿，他那儿饭都做好了。

如果不是不知不觉发生的事，则不能说。如：

※ 我们说着话儿，他回来了。

※ 说着话儿，电话铃响了。

§12.6 V 着 V 着

这些句子可以分成三类。

§12.6.1 在一种行为动作的进行中，产生了一种意想不到的结果

我吃着吃着，吃出一个虫子来。

抽着抽着，就上瘾了。

说着说着，把他说恼了。

数着数着，就数乱了。

剃着剃着，坏啦，全剃下去啦。

闲着闲着，就闲出毛病来了。

§12.6.2 在一种行为动作的进行中，外界发生了一种变化，这种变化又对进行中的行为动作产生了某种影响

我洗着洗着，没水了。

我看着看着，停电了。

走着走着，下起雨来。

吃着吃着，就闻见一股糊味儿。

玩儿着玩儿着，起风了。

跑着跑着，鞋带儿开了。

如果后面分句的行为动作不对前一分句的行为动作产生影响，就不能用这个句式。

※ 我吃着吃着，外头下雨了。

※ 她玩儿着玩儿着，一辆汽车开过去了。

§12.6.3 在一种行为动作的进行中，施事本身发生了某种变化，这种变化又对进行中的行为动作产生了某种影响

她笑着笑着，不笑了。

我看着看着，困了，就睡觉去了。

他说着说着，渴了，进来找水喝。

老头儿绷着绷着，绷不住笑了。

写着写着一想，这么写不行。

游着游着，腿抽筋儿了。

如果后面分句的行为动作不对前一分句的行为动作产生影响，就不能用这个句式。例如：

※ 她笑着笑着，出汗了。

※ 她走着走着，看见了王老师。

§13 复句不用连词，但不会引起歧义的原因

从以上的例句可以看出，复句不使用连词，但是在绝大多数场合，并不引起歧义。原因是：我们虽然分了十二类，但是从不同角度分的。例如因果，是从原因和结果角度分析，假设是从事实上事件没有发生角度分析，所以，因果和假设可以重叠。我们现在从一个新的角度去考虑，就会发现：虽然复句细分可以分为十二类，甚至更多，但是我们从它的内部联系的共同点去考虑，就简单多了。

首先，一个事件往往不是孤立的，它发生后，自然而然地让人联想到可能会发生第二个甚至更多事件。例如"渴了"，在自然的情况下，就是"喝水"，可以说这是意合的顺接。如果发生了逆接的情况，例如"不喝水"，就是转折。事件真实发生过，就是因果，事件

没有发生，就是假设。目的也是因果的一种，只不过原因是为了达到某种目的。条件复句其实也是因果复句的一部分，只不过前一分句指出条件，后一分句指出在这种条件下产生的结果。

这样，我们就用因果联系起了最常用的六种复句，也说明了为什么除条件复句外，其他复句不使用连词却不引起歧义的原因。

并列，是几个不分主次、语法地位一样的分句。从这个角度说，选择、承接也是并列，只不过选择是要从这几个事件中选择一个，而承接是按时间顺序说明发生的一连串事件。即便没有连词，一般也不会引起歧义。

而表示时间、说明、总结的分句，因为它们本身的性质，不需要连词，听话人也能明白，不会引起歧义。

第二十七章
北京话和普通话的区别

1.表进行只有"……呢"句式,没有"在……""在……呢"句式。

我吃饭呢。

他们现在上课呢。

※ 我在吃饭。

※ 他们现在在上课。

※ 我在吃饭呢。

※ 他们现在在上课呢。

2.反复问句是"动词+受事+不/没+动词",没有"动词+不/没+动词+受事"。

你认识李老师不认识?

你去过青海没去过?

※ 你认识不认识李老师?

※ 你认不认识李老师?

※ 你去过没去过青海?

※ 你去没去过青海?

3.连接修饰语和名词一般用"这、那",修饰语+这/那+名词。

你那车放哪儿了?

我这电脑有年头儿了。

4.表示物体移动的终点,用"动词+(的)+处所"句式。

我把牛奶放的冰箱里了。/我把牛奶放冰箱里了。

钥匙搁的桌儿上就行了。/ 钥匙搁桌儿上就行了。

走的学校得半个钟头。

信就寄的学校吧。

5. 专有名词前面加"这",偶尔也可以加"那"。普通话虽然也可以这么说,但北京话用的比普通话多得多。

这小王怎么回事?到现在还不来。

这杜娟长得挺好看的。

这二十五中原先是男校。

这东四早先叫四牌楼。

6. "着"不能表进行。

※ 他吃着饭。

※ 我们开着会。

7. 修饰语在被修饰语后面。

如果有几个修饰语,整个修饰部分过长,就要把一部分放在被修饰语的后面。

(1) 名词修饰语

就我那辆自行车儿,刚买的,红的,二六女车,丢了。

就我刚买的那辆自行车儿,红的,二六女车,丢了。

就我那辆红自行车儿,刚买的,二六女车,丢了。

就我那辆二六女车,刚买的,红的,丢了。

除了指示代词必须放在被修饰语前面外,其余的都可以放在后面,不过放在后面时,要加"的"。

那白木头桌子我要了。

那白桌子,木头的,我要了。

那木头桌子,白的,我要了。

(2) 动词修饰语

他这冲我嚷嚷，红脖子粗筋的，没完没了。

他走了，一阵风儿是的。

这求人家，死气白咧的。

他使劲儿地撞门，duāngduāng 的。

8. 有"说……说"的句式。

"说……说"起到引号的作用。

姥姥说："你二舅说：'他拳头大的字认不了半箩筐，还觍着脸当校长。'说。就这样儿，他能得着好儿？"

姥姥说："你二舅姥姥说：'这孩子不着调。'说。上回上我这儿来，说咱们包饺子吧。我说，你买点儿肉馅儿去。一去就没了影儿了，左等不回来，右等不回来，饿得我都前心贴后心了，还不回来。"

上面两段话，如果用文字写出来，可以用引号把二舅、二舅姥姥说的话括起来，读者一看就明白是谁说的。但是，在说话中是没有标点符号的，二舅、二舅姥姥说的话到底到哪儿为止，听话人是不知道的，这个句末的"说"字就起到了引号的作用，告诉听话人"说"前边的话是引用的，后边的话是说话人自己的话。

9. 表示推测用"不能"，普通话是"不会"。

他不能骗我。

看样子，他不能来了。

看这天儿，不能下雨。

这个点儿，商店还不能开门吧。

10. 量词比普通话少，大多数都可以用"个"。

一个猴儿

一个手

11. 连词比普通话少，而且在短句子中很少用。

我妈病了，我陪她上医院去。

这件事儿，你知道多少？

12. 介词比普通话多，实际上，是不同阶层、不同地域的人使用的介词不同。

他待门口儿等你呢。

他 [在] 门口儿等你呢。

他 { 跟 } 门口儿等你呢。

他 { 挨 } 门口儿等你呢。

13. 北京话没有长句子，如果太长，必定分成几个分句。

普通话：昨天学校通知这礼拜天开家长会。

北京话：昨儿学校通知啦，这礼拜天开家长会。

普通话：你妈在西屋老王家跟街坊打麻将呢。

北京话：你妈在西屋老王家呢，跟街坊打麻将呢。

你妈打麻将呢，在西屋老王家，跟街坊。

14. 北京话有很多拟态词是普通话没有的。还有，在形容人、物、状态时，北京话大量使用比喻，严格说，这属于修辞的范畴。例如，形容人瘦：

人都瘦成干儿了。

都瘦成人干儿了。

瘦得都脱了形儿了。

瘦得风都能吹走。

瘦得一把能攥过来。

瘦成狼啦。

瘦成大眼儿灯了。

参考文献

北京大学中文系 1955、1957 级语言班　1982　《现代汉语虚词例释》，商务印书馆。

北京大学中文系现代汉语教研室　1993　《现代汉语》，商务印书馆。

曹广顺　1995　《近代汉语助词》，语文出版社。

陈建民　1984　《汉语口语》，北京出版社。

陈　平　1988　《论现代汉语时间系统的三元结构》，《中国语文》第 6 期。

崔希亮　1995　《"把"字句的若干句法语义问题》，《世界汉语教学》第 3 期。

方　梅　2004　《从章法到句法——汉语口语后置关系从句研究》，《庆祝〈中国语文〉五十周年学术论文集》，商务印书馆。

高名凯　1948/1986　《汉语语法论》，商务印书馆。

郭　锐　1993　《汉语动词的过程结构》，《中国语文》第 6 期。

马　真　1981　《简明实用汉语语法》，北京大学出版社。

马　真　1997　《简明实用汉语语法教程》，北京大学出版社。

刘勋宁　1988　《现代汉语词尾"了"的语法意义》，《中国语文》第 5 期。

刘勋宁　1998　《现代汉语研究》，北京语言文化大学出版社。

刘一之　1988　《北方官话中第一人称代词复数形式包括式和排除式对立的产生年代》，《语言学论丛》第十五辑，商务印书馆。

刘一之　1993　《现代汉语口语"(N)VPneg"疑问句探源》，《中国語研究》第 35 号。

刘一之　1995　《"了"的语法意义》，《中國語學》第 242 号。

刘一之　1995　《北京口语中的程度副词》,《聖徳学園岐阜教育大学中国語学科紀要》第29集。

刘一之　1995　《北京口语中的语气词"哈"》,《聖徳学園岐阜教育大学中国語学科紀要》第1集。

刘一之　1996　《北京话中的感叹词》,《聖徳学園岐阜教育大学紀要》第32集。

刘一之　1998　《含有"的""了"的特指疑问句》,《聖徳学園岐阜教育大学紀要》第35集。

刘一之　2000　《"把"字句的语用、语法限制及语义解释》,《语法研究和探索》第十辑,商务印书馆。

刘一之　2001　《北京话中的"着（·zhe）"字新探》,北京大学出版社。

刘一之　2006　《北京话中的"（说）:'……'说"句式》,《语言学论丛》第三十三辑,商务印书馆。

刘一之　2008　《"把"字句的句式及其意义》,《岐阜聖徳学園大学紀要〈外国語学部編〉》第47集。

陆俭明　2005　《现代汉语语法研究教程》,北京大学出版社。

陆俭明、马真　1999　《现代汉语虚词散论》,语文出版社。

吕叔湘　1942/1982　《中国文法要略》,商务印书馆。

吕叔湘主编　1980　《现代汉语八百词》,商务印书馆。

夏晓虹　2011　《作为书面语的晚清报刊白话文》,《天津社会科学》第6期。

徐通锵　1997　《语言论:语义型语言的结构原理和研究方法》,东北师范大学出版社。

徐通锵　2001　《基础语言学教程》,北京大学出版社。

张　黎　2017　《汉语意合语法学导论:汉语型语法范式的理论建构》,北京语言大学出版社。

赵元任　1968　*A Grammar of Spoken Chinese*，University of California Press.

中译本:《中国话的文法》(丁邦新译)，中文大学出版社，1980年。

周一民　1998　《北京口语语法（词法卷）》，语文出版社。

朱德熙　1982　《语法讲义》，商务印书馆。

朱德熙　1987　《现代汉语语法研究的对象是什么？》,《中国语文》第5期。

C·E·ヤーホントフ　1987　《中国語動詞の研究》，白帝社。

Comrie　1976　*Aspect*，Cambridge University Press.

后　记

一直想写的《北京话语法》终于完稿了，了却了我多年的一个心愿。

我要感谢老师们的教诲。也要感谢我的同学们，在和他们的讨论中，我的观点得以完善。感谢我的学生们，他们的提问、病句，使我对很多问题有了更深的思考。感谢我的女儿，她的没有任何框框的对语言的直觉，给了我很多启发。

还要感谢北京大学出版社汉语编辑室主任邓晓霞女士、责任编辑任蕾女士，她们为本书的出版做了很多工作。感谢复审杜若明先生和终审李凌女士给本书提出的宝贵意见。

刘一之

2021 年 8 月